stern
%
Das Rabattgesetz fällt:
FEILSCHEN SIE UM JEDEN PREIS
Autos, Mode, Elektronik – So bekommen Sie Prozente
stern
Der nackte Wahnsinn
NEUE STERN-SERIE
Die letzte Fahrt der Kursk
stern
KEIN HERZ FÜR RINDER?
Dürfen wir 400 000 Tiere einfach vernichten?
stern
SCHUMI GANZ NAH
GESUND ESSEN: SO SCHMECKT DAS MEER
stern
Der tödliche Trend: Drogen und Alkohol am Steuer
VOLL STOFF
stern
Schröders schweres Erbe in Berlin
Macht und Größenwahn
stern
Zeitbombe Diabetes
stern
Männer-Freunde
Das einzig Wahre!
Was sie verbindet, worüber sie reden
stern
Abitur
Was nun?
Uni-Ranking:
stern
Zwischen Hysterie und Massenleiden
Allergie
Wie sie richtig erkannt und sinnvoll behandelt wird

stern
HUI
PFUI
Die Politiker entdecken ihr Herz für die Familie
Sind Kinderlose jetzt Sozial-Schmarotzer?

stern
Die Grenzen des Körperkults
Wie schlank ist gesund?
20 Diäten im Vergleich

stern
TRENDSPORT
GOLF
Vom Luxus-Hobby zum Jedermann-Spaß
Miss Universum
Die Rente richtig planen

stern
Heilkunst aus Asien
Was ist dran? Ihre Geheimnisse und wie sie hilft

stern
Gestresst und ausgebeutet
Horror-Job Arzt
Überforderte Mediziner werden zum Risiko für Patienten

stern
Mehr Spaß beim Sex
Neue Erkenntnisse über den Orgasmus und die Lust der Frauen

stern
Der Megastar in Deutschland
Madonna!
Barbara Becker über sie als Vorbild
Guy Ritchie über sie als Ehefrau
Dolce&Gabbana über sie als Mode-Ikone

stern
Heimlich schwul

Das stern Jahrbuch 2001

Das war 2001

Das Beste vom *stern*

Impressum

Herausgeber:
Thomas Osterkorn
Andreas Petzold

Art Director:
Tom Jacobi

Gestaltung:
Norbert Kleiner

Redaktion:
Siegfried Schober

Redaktionelle
Mitarbeit:
Dr. Peter Mayer

Bildredaktion:
Cornelia Bartsch
Beate Magrich
Andreas Trampe

Redaktionelle
Mitarbeit: Helga
Dupuis und Heidi
Heuser (Paris), Dagmar
Seeland (London),
Angelika Hala und Sue
Lapsien (New York)

Dokumentation:
Günther Garde

Schlussredaktion:
stern-Schlussredaktion

Objektleitung:
Magdalene Gaese

Herstellung:
Antje Petau
G+J - Druckzentrale

Lithografie:
MWW Repro,
Hamburg

Druck und Bindung:
MOHN Media
Mohndruck GmbH

1. Auflage 2002
ISBN: 3-570-19316-0

Zu diesem Buch

Wer könnte sie vergessen: die Bilder aus New York mit den brennenden Türmen und den Menschen auf den Straßen in Panik und Trauer? Die Singularität und die Tragweite dieser Ereignisse machten es selbstverständlich, dass ein Sonderteil in diesem Jahrbuch den Anschlägen auf Amerika gewidmet ist – mit einer Folge eindringlicher Fotos. Ein ebenso umfangreiches eigenes Kapitel dokumentiert den Krieg in Afghanistan.

„Selten hat ein einziges Jahr uns so viele beunruhigende und schmerzliche Lehren erteilt" – ein Satz aus dem Editorial des *stern* im letzten Heft 2001. Dieses Jahr wird noch lange im Gedächtnis der Menschen bleiben – nicht zuletzt durch das, was am 11. September geschah. Doch wichtig waren 2001 auch, um noch einmal das *stern*-Editorial vom Jahresende zu zitieren, einige andere Themen: „Eine skrupellose Fleischindustrie vergiftet unsere Nahrung (BSE). Die Einzigartigkeit des Individuums wird infrage gestellt durch Klonen. Die Kluft zwischen reichen und armen Ländern wird zum Abgrund, führt zu Hass und Gewalt, auch in den privilegierten Ländern des Westens (Globalisierungsschlachten in Göteborg und Genua)."

Die Komplexität all dieser Themen verlangt Orientierung, darum wurde dieses Jahrbuch – sosehr es wie immer auf die Kraft der Bilder baut – textlich stark erweitert. Experten des *stern* schreiben über die Probleme der Globalisierung, den Kampf ums Klonen, die Sorge um Umwelt und Klima, die Notwendigkeit einer Agrarwende. Ausführliche Beiträge behandeln den 11. September und die Folgen: „New York, die verwundete Stadt", „Afghanistan-Krieg: Bis zum bitteren Ende", die internationale Politik: „Der erste Konflikt des 21. Jahrhunderts" und die deutsche Politik: „Des Kanzlers Lust auf die Weltbühne".

Inhalt

Anschlag auf das World Trade Center in New York

Kinder in Palästina bei der Beerdigung eines PLO-Mannes

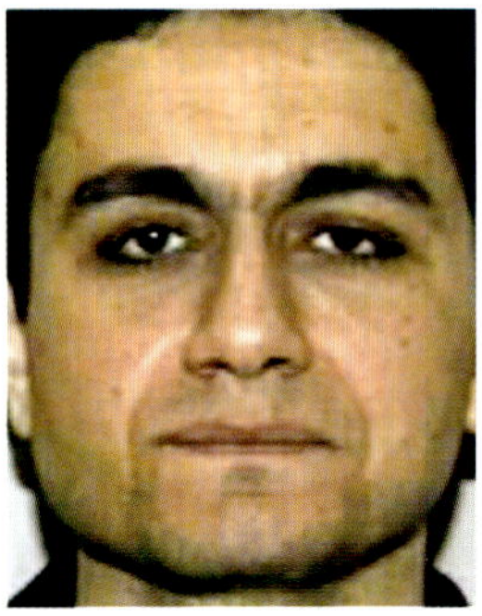

Attentäter Mohammed Atta

Schröder auf dem Parteitag

Broadway-Musical „Der König der Löwen“ in Deutschland

Embryonale Stammzellen unter dem Mikroskop

PR-Queen Verona Feldbusch

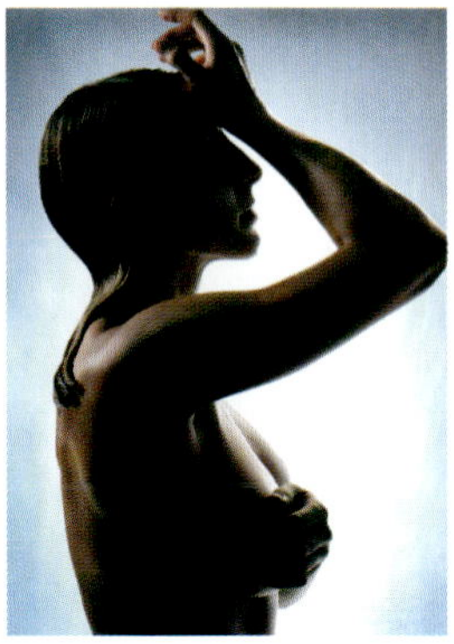
Eisläuferin Anni Friesinger

Warm oder kalt?

Ein Forschungsflugzeug des British Antarctic Survey wirft seinen Schatten auf gigantische Eispakete. Seit einigen Jahrzehnten erst wird der Kühlschrank der Erde am Südpol systematisch erforscht – und immer mehr richtet sich die Neugier der Wissenschaftler auf die Erderwärmung. Doch jede Datenreihe führt zu neuen Fragen. Offenbar steigen die Temperaturen kaum, direkt am Pol scheint es sogar ein bisschen kälter geworden zu sein. Das Seeeis ist zwar in manchen Regionen geschmolzen, in anderen hat es sich aber verdickt

Müder Prophet

Alter und Krankheit haben ihn tief gebeugt, von seiner Mission aber lässt er nicht ab. So reiste Papst Johannes Paul II. im Mai in die syrische Hauptstadt Damaskus, wo sich vor fast 2000 Jahren der Schlächter Saulus zum Apostel Paulus gewandelt haben soll. Die Botschaft des römischen Pilgers – hier mit Gregorios III. Laham, dem melkitischen Patriarchen von Antiochia, in der Kirche „St. Paul auf den Mauern" – war klar: Nur der Blick auf den einen Gott könne die zerrissene Menschheit einen

Der Vogel-Mensch

Wenn in der Seinestadt der Tag anbricht, steigt Julien Caquineau, 27, gelegentlich auf den Eiffelturm, um sich seiner Leidenschaft, dem Fliegen, hinzugeben. Der intensivste Augenblick ist für ihn, wenn er sich in die Leere fallen lässt – bis sich seine huckepack mitgeführten Flügel ausbreiten. Sie müssen sich sehr schnell öffnen, in der idealen Richtung stehen und dürfen sich nicht verheddern. Es bringt nichts, zusätzlich einen Sicherheitsfallschirm dabei zu haben, denn der würde sich nicht schnell genug öffnen. Caquineaus Spezialität ist nämlich der Sprung aus nur 30 Metern – je geringer die Höhe, desto riskanter. Um einmal ganz Paris vor Augen zu haben, ist er auf die Spitze geklettert, um sich aus 300 Metern hinabfallen zu lassen – für Sekunden des Glücks

Ein Gespenst namens Milzbrand

Während noch Rauch aus den Trümmern des World Trade Center aufstieg, erfasste die Amerikaner Anfang Oktober neue Angst. Erst in Florida, dann auch in New York und Washington tauchten mit Milzbrandsporen verseuchte Briefe auf. Zwar verlief die Bio-Attacke halbwegs glimpflich – in den folgenden Wochen erkrankten 20 Menschen, fünf starben. Doch die Gefahr konnte in jedem Briefkasten lauern. Und so gehörten Entseuchungskommandos wie hier in New York plötzlich zum Stadtbild

EXPRESS
MAIL

Die Hässlichen der Nacht

Sie durchschauen per Echolot die Dunkelheit mit den Ohren, fliegen mit umgebauten Händen und sind völlig zu Unrecht als Vampire gefürchtet: Fledermäuse und Flughunde. Hierzulande ging es den Nachtschwärmern lange Zeit schlecht. Ihre Insektennahrung wurde mit Pestiziden weggespritzt, jede Dachluke wärmeisolierend verstopft, sodass sie ihr Obdach verloren. Doch neuerdings geben Umweltschützer den Flattermännern wieder ein Zuhause, präparieren ihnen etwa die Zitadelle in Spandau oder die Kalkberghöhlen in Bad Segeberg. Zum Schlafen hängen sich die kleinen Säuger an ihren Fußkrallen auf – der Fotograf hat Porträts von ihnen einfach umgedreht

Heiliges Nass

So viele Menschen und Mönche auf einem Haufen hat die Menschheit wohl noch nicht gesehen. Am 24. Januar strömten rund 27 Millionen Hindus zum Fest Maha Kumbh Mela im indischen Allahabad. Dort fließen Ganges, Yamuna und ein nur in der Mythologie existierender Strom namens Saraswati zusammen. Von Sonnenaufgang bis zum Abend tummelten sich Pilger in den Wassern, um sich von ihren Sünden reinzuwaschen. Grund für das Gedränge: Es war der Neumondtag mit einer Konstellation von Sonne, Mond und Sternen, die es nur alle zwölf Jahre gibt – und die für Gläubige besonders segensreich und heilsam sein soll. An den insgesamt 42 Tage dauernden Prozessionen und Baderiten haben geschätzte 100 Millionen Menschen teilgenommen

Alles Blech

Eine halbe Million Dosen, aufgeschüttet zu einem Büchsenberg mitten in Berlin, hässlicher Metall-Müll vor der Kulisse des Potsdamer Platzes: Mit dieser Aktion wollte der Bund für Umwelt und Naturschutz Stimmung für die Einführung eines Dosenpfandes machen. Das Happening blieb ohne Wirkung. Am Freitag, dem 13. Juli, scheiterte der Gesetzentwurf von Umweltminister Jürgen Trittin im Bundesrat an einer parteiübergreifenden Koalition aus wirtschaftsorientierten Bedenkenträgern – vorgesehen waren pro Dose, kleine Flasche oder kleinen Kunststoffbehälter 50 Pfennig Pfand. Naturschutzverbänden wäre die Initiative der Bundesregierung ohnehin nicht weit genug gegangen

Einführung

CAN

Per Schnur zur Uhr

Für diesen Job waren Bergsteiger-Qualitäten vonnöten: Am 20. August seilte sich vom knapp hundert Meter hohen Big Ben des Palace of Westminster in London ein Trupp ab, um Englands berühmteste Uhr zu reinigen. Seit deren imposante Glocke 1859 zum ersten Mal in Britanniens Hauptstadt schallte, schlägt sie den Takt der Metropole. So wurde auch während der einwöchigen Putzarbeiten dafür gesorgt, dass Big Bens Uhr nicht stehen blieb

Oldies but Goldies

Kopfstand mit 75, Rock'n'Roll mit 80, Spagat mit 82 – für die reifen Damen der Tanztruppe „Sun City Poms" sind das leichte Übungen. Ihre Heimatstadt Sun City im US-Staat Arizona ist ein Paralleluniversum, eine Welt der Pastelltöne, der rasierklingenscharfen Rasenkanten, des unbedingten Willens zum Positiven. 50 000 Pensionäre leben hier wie auf einer Kreuzfahrt ohne Schiff. Gegen den Jugendwahn der restlichen Welt setzt man in dieser Kommune auf die Arroganz des Alters. Wer jünger ist als 55, darf hier nicht wohnen, Spielplätze und Schulen gibt es nicht. Kinder und Jugendliche haben einen Status wie Außerirdische. Sie dürfen Oma und Opa besuchen, müssen dann aber bald wieder nach Hause, weil sie die Alten beim Jungsein stören. Ein ausgedehntes Netz von Freizeiteinrichtungen, Clubs und Interessengruppen hält die Alt-Jugendlichen auf Trab. Die Ladys der „Sun City Poms" geben ein flottes Tempo vor

Fernreise

„Das hier oben übertrifft meine schönsten Träume", funkte der Amerikaner Dennis Tito (kleines Foto) im Mai aus dem All. Dabei hatte er die meiste Zeit während seines Aufenthalts an Bord der Internationalen Weltraumstation ISS damit verbracht, aus dem Fenster zu schauen oder die Kombüse aufzuräumen. Dafür, dass er Gast der Russen war – sie brachten ihn mit einer „Sojus"-Rakete zur ISS –, musste er ordentlich was berappen: Umgerechnet rund 43 Millionen Mark knöpften sie dem Investmentbanker und Multimillionär für die eine Woche Abenteuerurlaub ab. Ursprünglich war der 60-Jährige, der nach allen Regeln der Kosmonautenzunft trainiert hatte, als Passagier auf der russischen „Mir" gebucht gewesen: Doch die musste vor der Zeit – nach 15 Jahren Dienst im All altersschwach geworden – zum Absturz gebracht werden. Ende März verglühte sie, als sie planmäßig der Erde nahe kam (großes Foto). Was übrig blieb, stürzte in den Pazifik

Wasser-Musik

Die feuchteste Musiktruppe der Welt kommt aus Japan: Die „Marine Animals Band" besteht aus den beiden sechs Jahre alten, jeweils gut 300 Kilogramm schweren Walross-Damen Moko und Piko, die ein bunt bemaltes Blasinstrument spielen. Begleitet werden die Solisten von drei Belugas. Unter der Leitung des Tiertrainers Ryo Nonoyama tritt das gut

eingespielte Quintett im Hakkeijima Sea Paradise Aquarium und Vergnügungspark von Yokohama auf

Schussfahrt durch die Unterwelt

680 Meter unter der Erde ist es schweißtreibende 25 Grad warm, riecht die Luft nach Salz – und gibt es keinen Gegenverkehr. Im stillgelegten Bergwerk Sondershausen in Thüringen wartet auf Mountainbiker ein labyrinthartiges Streckennetz von 220 Kilometern: ein Berg-und-Tal-Parcours durch dunkle Stollen, vorbei an alten Förderbändern und Baggern. Vorneweg rumpelt ein Jeep, der den Weg weist und schlappe Radler huckepack nimmt. Zwei Stunden samt Führer kosten 55 Mark – für Menschen mit Platzangst ein Albtraum, für Höhlenfans ein Höllenspaß

JEANTEX

Der Himmel hängt voller Plastik

Was da in dem alten toskanischen Ort Casole d´ Elsa über der Hauptstraße baumelt, ist alles Made in Thailand. Und jedes dieser Plastikteile kostet nicht mehr als 1000 Lire. Die quietschbunte Farbensymphonie ist ein Werk der in Bangkok lebenden und international erfolgreichen Künstlerin Surasi Kusolwong, die sich dabei auch etwas gedacht hat: Die lustige Installation soll ein ironisches Spiel mit dem Warenüberfluss in unserer Gesellschaft sein. Und was steckt hinter den 1000 Lire? Ganz einfach: Was wäre, wenn alles, was wir konsumieren, jeweils nur so wenig kosten würde?

Immerhin, singen tun sie selbst

Wir basteln uns eine Popgruppe: 17 Folgen lang führte die Show „Popstars" in RTL 2 junge Menschen vor, die nur eines wollten – Stars werden. Von 4300 Bewerbern erreichten schließlich fünf das Ziel: Jessica, Lucy, Vanessa, Sandy und Nadja (v.l.). Sie erhielten einen Namen, „No Angels", bekamen ein Image verpasst und durften eine Single aufnehmen, „Daylight In Your Eyes". Der Song wurde ein Platz-eins-Hit. Vom Erfolg bestätigt, fahren die TV-Sender nun fort, mit der Nachwuchsnot Programm zu machen. In Casting-Shows werden Ideen und Talente zunächst billig vor einem Millionenpublikum getestet, um anschließend mit den Newcomern kräftig zu kassieren

High vom Hai

Trotz perfekter Vernichtungswerkzeuge und trotz einiger körperverletzender Attacken in diesem Jahr – das Menschen verschlingende Monster wie in Steven Spielbergs berühmtem Film ist der Weiße Hai nicht. Immer mehr Touristen lassen ihn wie hier vor der Küste Südafrikas per Köder anlocken – fürs Fotoalbum, Abteilung Grusel

11. September New York, die verwundete Stadt

Von Jochen Siemens

New York im Dezember. Drei Monate nach den Anschlägen auf das World Trade Center, drei Monate nach der größten Katastrophe auf amerikanischem Boden nach Pearl Harbor. Für den Monat Dezember ist es zu warm. Viel zu warm, sagen die New Yorker, die bei 21 Grad im Central Park auf dem Rasen dösen. Andere halten die Nase in die Luft und sagen, dass man ihn immer noch ein bisschen riechen kann, diesen Dunst aus verbranntem Plastik, geschmolzenem Metall und – auch – verglühten Körpern. Aber sie gehen nicht mehr dorthin, zum Ground Zero, diesem Schutthaufen des Grauens, dieser schlimmsten sichtbaren Wunde der gegenwärtigen Welt.
Immer noch sind ganze Häuserblocks abgesperrt, geisterhaft still die Straßen, durch die Touristen wandern, um einmal etwas von diesem gespenstischen Gerippe zu sehen, das einst Teil der Twin Towers war. Hinten an der Uferstraße verkaufen Andenkenhändler die Figur aus Edvard Munchs Gemälde „Der Schrei" aus Plastik zum Aufblasen. New Yorker schauen schon gar nicht mehr hin, weil es neue Bilder gibt, die sie verarbeiten müssen – die langen Schlangen von Menschen am Madison Square, die dort jeden Morgen um sieben anstehen, in der Hoffnung, wieder Arbeit zu bekommen, die sie wegen des 11. September verloren haben. Fast 100 000 New Yorker waren im Dezember 2001 seit drei Monaten ohne Arbeit – und die Behörden schätzen, dass es noch mehr werden. Zu den Tausenden Schicksalen von Toten und Vermissten aus dem WTC kamen die unzähligen Schicksale von Menschen, die am Tag des Grauens zwar weit weg waren – und doch zu den Betroffenen zählen. Weil sie Angehörige verloren, weil das Geschehen auf die eine oder andere Weise tief in ihr Leben eingriff, weil die Terrorakte ihre Arbeit, ihre Existenz vernichtet haben.

Schon wenige Tage nach dem Inferno sagten die New Yorker, nein, auch ein solcher Angriff werde ihre Stadt nicht umbringen. Im Gegenteil, in einer Mischung aus patriotischem Stolz und Trotz und sicher auch Besinnungslosigkeit wurde der Wiederaufbau vorab gefeiert – genau die gleichen Türme sollten wieder aufgebaut werden, glänzender, neuer, moderner. Architektonisches Muskelspiel als Kriegserklärung an die, die mit den Anschlägen im September die angebliche Dekadenz einer über die Maßen prosperierenden Gesellschaft vernichten wollten.

Die Freiheitsstatue vor der Skyline, wo vom Trümmerhaufen des World Trade Center tagelang dichter Rauch aufstieg

Was die Täter und deren Hintermänner, geleitet und betäubt von einer Wahnsinnsideologie vorgeblich islamischen Ursprungs, in Wahrheit auch mit vernichtet haben, ist die Existenz derer, die ohnehin Zukurzgekommene des amerikanischen Traums waren. Es sind kleine Händler, Hot-Dog-Verkäufer, Angestellte von Pizzerias und Diners, die einen Großteil ihres Umsatzes einbüßten oder ganz dichtmachen mussten. Genauso schwer betroffen: thailändische Restaurants, Wäschereien in China-Town, vietnamesische Schneidereien, von Indern betriebenen Delis – die Liste ist endlos. Die versorgende, multikulturelle Kleinökonomie der Kapitalismus-Metropole New York wurde getroffen. Der andere, wenig beachtete Schock berührt ein System, das im World Trade Center lokalisierbar war. Kaum einer mag da die Thesen des US-Urbanismusforschers Mike Davis laut wiederholen: dass das hochmoderne dezentrale Terrornetzwerk von al Qaeda am 11. September den Nerv eines – eigentlich veralteten, weil verwundbaren – zentralistischen Systems weltweiten Geldverkehrs getroffen hat.

Kann man nach dem 11. September und angesichts von rund 4000 Toten und Vermissten in New York von Lehren sprechen? Zunächst vielleicht nur von der Gewissheit, dass sich eine Stadt wie New York selbst von solchen Schlägen erholen wird – auch wenn dies vielleicht mehr Zeit braucht als nach anderen nationalen Schockerlebnissen, von Pearl Harbor und Vietnam abgesehen. Die vielen eindrucksvollen Bildbände, in denen nun die Fotos dieses unfassbaren Tages auf Hochglanz gedruckt sind, die den 11. September zum historischen Ereignis machen und zu Weihnachten in den Schaufenstern standen, helfen dem Bedürfnis, sich zu erinnern und zu begreifen. Tatsächlich waren Wochen, Monate später viele immer noch unfähig,

die monströse Gewalt der Ereignisse zu verarbeiten.
Die New Yorker berufen sich gern darauf, wie stark sie sind als Bewohner dieser oft harten Stadt, sie sind eine Gesellschaft von Einwanderern mit einer Psyche, die auf Überleben programmiert ist. Und so kann man kühn behaupten, dass sich in ferner Zukunft viele New Yorker in einer verklärenden Stimmung an die Tage im September 2001 erinnern werden, Tage, an denen alle – für kurze Zeit – gleich waren. Katastrophenzeiten, und seien sie noch so grauenhaft, haben auch immer eine wehmütige Note, ein kleines humanes Moment des „Jeder hilft jedem". Dieses kleine Licht erlosch aber bald in den Straßen der Stadt, und im Dezember verdoppelte sich die Zahl derer, die an den Suppenküchen für die Armen anstanden.

Noch etwas ist neben den Tausenden von Arbeitslosen, Sozialfällen, einsam Gewordenen, zerrissenen Familien, elternlosen Kindern in der Stadt geblieben. Etwas, was immer schon im Alltag dieser Stadt in der einen oder anderen Weise latent vorhanden war, jetzt aber real geworden ist: die Angst. Was am 11. September geschah, war für die Amerikaner nichts gänzlich Unbekanntes – das Hollywood-Kino hatte ihnen ähnliche Albtraumbilder allzu oft und unzählige Male vorgespielt. Sigmund Freud schrieb, dass es „oft und leicht unheimlich wirkt, wenn die Grenze zwischen Phantasie und Wirklichkeit verwischt wird, wenn etwas real vor uns hintritt, was wir bisher für phantastisch gehalten haben". Die neue, reale Angst entstand durch das Begreifen, dass man selber unter dem Schutt hätte begraben sein können oder hilfloses Opfer in einem der Flugzeuge.

So schauen heute viele in Manhattan ganz automatisch voller Beklommenheit manchmal auf ein parkendes Auto, weil sie in irgendeinem Film gesehen haben, wie Autobomben platziert werden und explodieren. Und wenn der Himmel blau ist und über der Stadt eine Verkehrsmaschine im Anflug ist, beobachtet das der eine oder andere nicht ohne ein Gefühl des Erinnerns und der Angst. Und wenn vor dem 11. September die Sirenen der Polizeiautos selbstverständlicher Teil der New Yorker Geräuschkulisse waren, kann man heute beobachten, wie sich die Menschen auf den Straßen sofort von den Sirenenklängen wegbewegen. Es ist nicht mehr die normale Befürchtung, dass wieder

Zu den vielen Mahnmalen, die New Yorker nach den Anschlägen errichteten, gehörte auch dieses kleine Monument für das World Trade Center

etwas passiert ist. Jetzt ist es die Angst, dass sich der 11. September in irgendeiner Form wiederholen könnte. Und für jenen Teil der New Yorker Bevölkerung, der Seelenmassage beim Therapeuten genauso wie den Besuch im Fitness-Studio als Lifestyle pflegte, sind – vorerst jedenfalls – die Zeiten des Kopf-in-den-Sand-Steckens vorbei. Plötzlich waren die Ideale der Ich-Gesellschaft out und wieder allgemeine ethische Grundsätze gefragt. Denn schaurig blieben die Schlangen der Tausenden von Angehörigen in Erinnerung, die in den Büros der Vermisstenstellen anstanden, in der Tasche einen Kamm, eine Zahnbürste oder die noch am Morgen benutzte Kaffeetasse des Gesuchten – Material für DNA-Proben. Und mahnend auch die Gruppe der Angehörigen, „Widows" genannt, die hartnäckig darauf besteht, dass jedes Häuflein Schutt an der Unglücksstelle nach menschlichen Überresten durchsucht wird. Eine Sisyphusarbeit – und für die Stadt selbst, die das Bedürfnis hat, die Trümmer aus Manhattan heraus und von der Seele zu bekommen, eine zermürbende Last.

Mindestens ein Jahr noch wird es dauern, und man fürchtet sich vor dem, was unter den Schuttbergen, den am 11. September mit Menschen gefüllten Supermärkten und der U-Bahn-Station unter den Türmen, zum Vorschein kommen wird. Auch etwas von besonderem Symbolwert könnte dort verborgen sein: Die Feuerwehrmänner und Räumarbeiter werden vielleicht auf einen gewaltigen Klumpen Gold stoßen. Tonnen dieses Stoffs, der untrennbar mit dem eingestürzten Monument des amerikanischen Wirtschaftswunders verbunden ist, werden noch gesucht.

Entsetzt sah die Welt zu

Als 15 Minuten nach dem ersten Flugzeug sich um 9.02 Uhr eine zweite Passagiermaschine in das World Trade Center bohrt, wird klar: Dies kann kein Unfall sein. Kameras, die sofort auf den brennenden Nordturm gerichtet worden waren, filmten live den Anflug und den Einschlag in die Stockwerke 78 bis 87 des Südturms. Fernsehzuschauer in der ganzen Welt wurden zu fassungslosen Augenzeugen

Der Anschlag, zweiter Akt

Bereits seit einer Viertelstunde steigt – nach dem Einschlag des ersten Flugzeugs – aus dem Nordturm des World Trade Center dicker Rauch in den Morgenhimmel New Yorks, als ein Feuerball aus dem Südturm schießt: Vermutlich von dem 23-jährigen Terroristen Marwan al-Shehhi gesteuert, ist das zweite entführte Passagierflugzeug – mit rund 80 000 Liter hochexplosivem Kerosin vollgetankt – wie eine gigantische Bombe in den Büroriesen gekracht. Mehrere Stockwerke, wo um diese Zeit schon zahlreiche Menschen arbeiten, werden fast komplett durchschlagen. US-Präsident George W. Bush nennt die Anschläge am nächsten Tag einen „kriegerischen Akt"

Bin Ladens Komplizen

Mohammed Atta (rechts) steuerte eines der beiden Flugzeuge in die Türme des World Trade Center. Obere Reihe: Marwan al-Shehhi (saß ebenfalls in einer der Todesmaschinen), Ziad Jarrah (sein Flugzeug zerschellte bei Pittsburgh), Said Bahaji (untergetaucht, hatte engen Kontakt zur Harburger Terroristengruppe um Atta), Abdelkader Es Sayed (al Qaeda Italien). Mittlere Reihe: Nabil Benattia, Abdelhalim Hafed Remadna und Yassine Chekkouri (ebenfalls al Qaeda Italien), Ayman al-Zawahiri (Oberhaupt des ägyptischen Dschihad, das „Hirn" Osama bin Ladens). Untere Reihe: Mullah Mohammed Omar (Taliban-Führer und afghanischer Staatschef), Mohammed Atef (Schlüsselfigur von al Qaeda, wurde bei den Angriffen der US-Luftwaffe getötet), Mamduh Mahmud Salim (Vertrauter bin Ladens, regelte die Finanzen, wurde in Bayern verhaftet und sitzt jetzt in den USA in Haft), Omar Abdel Rahman (der „Blinde Scheich", wurde für die Planung des Anschlags auf das World Trade Center 1993 in den USA zu lebenslanger Haft verurteilt)

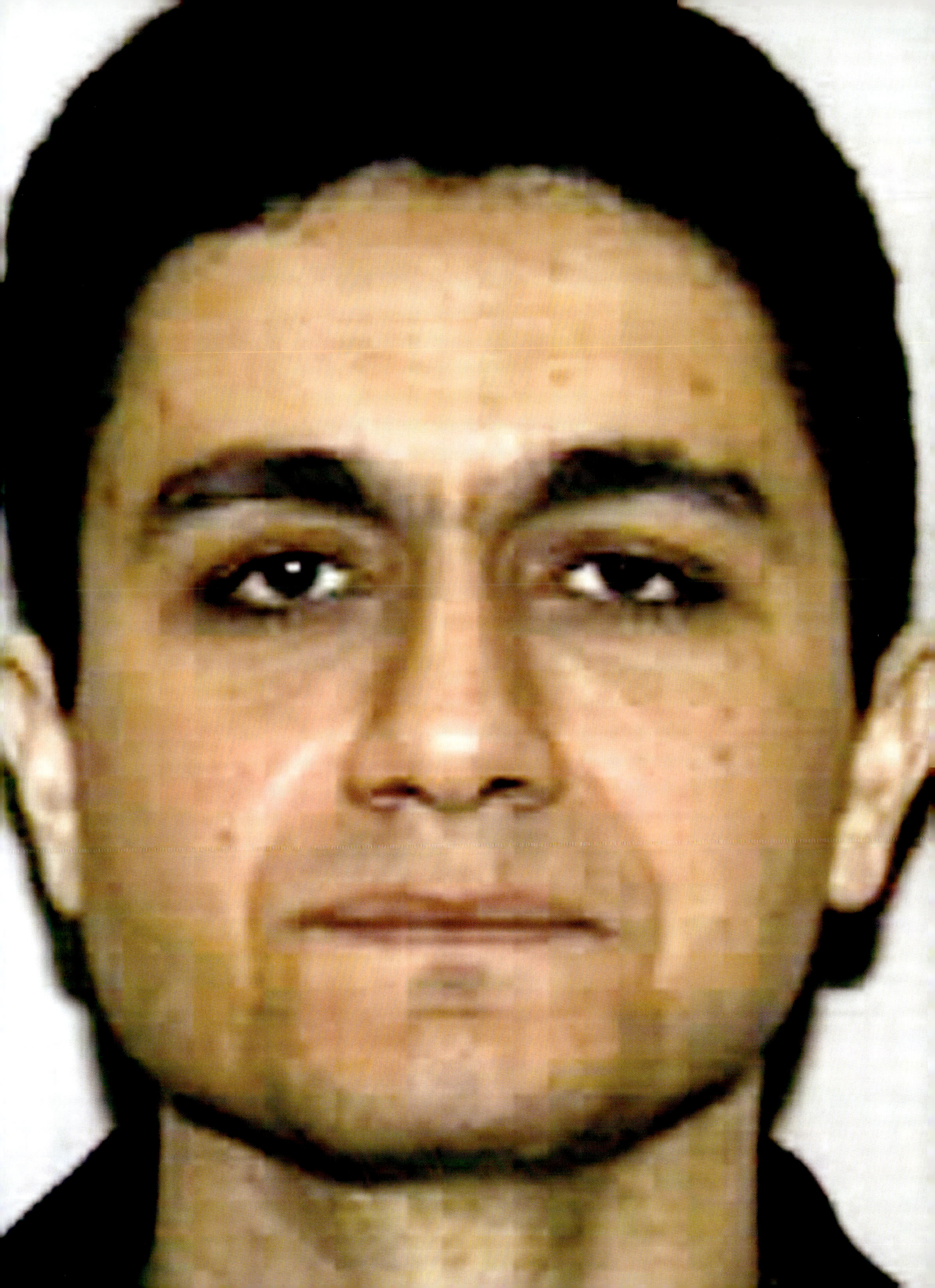

Ihnen blieb nur noch der Sturz in die Tiefe

Vielen, die den Einschlag der Flugzeuge im World Trade Center überlebt hatten, gelang es nicht mehr, den Weg zu den Treppen nach unten zu finden. Um der Hölle aus Feuer und Rauch zu entkommen, sahen einige Verzweifelte im Nordturm nur noch einen Ausweg: Nachdem sie es geschafft hatten, die eigentlich nicht zu öffnenden Fenster aufzubekommen, und keine Rettung durch Hubschrauber kam, sprangen sie in den Tod

Riss ins Zentrum der Macht

Ein gespenstischer Septembermorgen bei Sonnenaufgang in Washington D.C. mit dem Capitol im Hintergrund. Vorne am Rande der US-Hauptstadt das Pentagon, Nervenzentrum des US-Militärs, in das wenige Tage zuvor – kurz nach den Attacken auf New York – ein entführtes, mit 64 Personen besetztes Passagierflugzeug gerast war. Auch nachts liefen bei Scheinwerferlicht die Aufräumarbeiten und die Suche nach Toten und Vermissten

Rette sich, wer kann

Die schrecklichsten Visionen aus Hollywoods Katastrophenfilmen werden Wirklichkeit: Passanten, von denen viele fassungslos die Explosionen im World Trade Center mit verfolgt haben, und Menschen aus den umliegenden Häusern rennen um ihr Leben, als die Türme zusammenkrachen. Binnen Sekunden versinken dann die Straßen in Dunkelheit, die Staub- und Aschewolken breiten sich in rasendem Tempo aus. Viele der Flüchtenden suchen in Läden, Restaurants, Pizzerias und Diners Zuflucht

Ein Symbol zerbricht

Eine Stunde und 42 Minuten hält der Nordturm stand, der als Erster von dem Anschlag getroffen wurde, und nur 45 Minuten überdauert der Südturm. Dann ist alles vorbei, das World Trade Center gibt es nicht mehr. Von der Hitze des brennenden Flugzeugbenzins schmilzt die Stahlkonstruktion in den oberen Stockwerken, die Decken verlieren ihren Halt und krachen eine nach der anderen abwärts, bis die gesamte Statik der Gebäude nachgibt. Für die Menschen, die das Geschehen auf den Straßen New Yorks oder im Fernsehen miterleben, bricht eine Welt zusammen. Das Gefühl der Sicherheit und Unverletzbarkeit ihres Landes liegt in Schutt und Asche. Tausende, die in den Twin Towers an diesem Morgen mit der Arbeit begonnen hatten, werden in den Tod gerissen – ebenso Hunderte von Feuerwehrmännern, die zu ihrer Rettung ausgerückt sind

Verloren im Inferno

Am hellichten Vormittag versinken die Straßen um das eingestürzte World Trade Center in graue Finsternis. Eine umherirrende Frau findet Hilfe bei einem Polizisten. Viele erschöpfte Menschen müssen zu bereitgestellten Atemmasken greifen. In manchen Straßen sind ganze Gruppen auf der Flucht vor dem Chaos – gepeinigt vom erstickenden Staub, der vermischt ist mit den Gasen von verbranntem Flugzeugbenzin. Als schmieriger Film legt sich das Gemisch über weite Teile von Lower Manhattan

STOP

Ein wenig Ruhe inmitten des Grauens

Draußen wabern auch am 13. September, zwei Tage nach den Attacken auf das World Trade Center, noch die Wolken aus Rauch, Staub und Asche. Unweit der gigantischen Ruinenstätte findet ein Rettungsarbeiter in einem der verlassenen und verwüsteten Gebäude, von denen einige einsturzgefährdet sind, auf einem Feldbett etwas Schlaf. Tausende von Helfern, Feuerwehrleuten und Aufräumspezialisten sind bis zum Umfallen Tag und Nacht im Einsatz – und werden auch 2002 noch lange damit beschäftigt seien, nach Überresten von Toten zu suchen und den Schutt abzutragen

Wie ein böser Zauber

Als wär's ein Bild aus den letzten Tagen von Pompeji. Nach dem Einsturz der Zwillingstürme drangen Asche und dicker Staub durch geborstene Türen und Fenster in die Wohnungen und Geschäfte und überzogen alles mit einem schmutzigen Schleier – wie in diesem Verkaufsraum für Amish-Kunsthandwerk gegenüber dem World Trade Center. Es wird Wochen dauern, bis die Bewohner in ihre Häuser zurückkehren können und ein Teil der Läden wieder geöffnet ist

FDNY

Der Tote Nummer 1

Rettungsarbeiter tragen Kaplan Mychal Judge aus dem New Yorker World Trade Center: Ein Trümmerstück traf ihn tödlich am Kopf, als er gerade einem verunglückten Feuerwehrmann die Sterbesakramente gab. Der 68-Jährige wurde offiziell als Nummer 1 der geborgenen Opfer registriert. Die Zahl der Toten und Vermissten im WTC wird später mit knapp 3000 angegeben

Im Desaster Flagge zeigen

Ein Captain der New Yorker Feuerwehr hisst in den Tagen nach dem 11. September die amerikanische Fahne am „Ground Zero“, wie die Stelle, wo einmal das World Trade Center stand, genannt wird. Im Hintergrund ragt aus der gigantischen Schutthalde, in der es noch lange weiter brannte, schmorte und qualmte, wie ein bizarres Mahnmal ein geborstenes Gerippe des einst höchsten Bauwerks New Yorks. 343 der Feuerwehrleute, die nach dem Anschlag in die brennenden Türme vordrangen, um Menschen zu evakuieren, verloren beim Einsturz ihr Leben. US-Flaggen, von der stolzen Fahne bis zum privaten Fähnchen, wurden bald überall im Land gezeigt, begleitet von einer Welle des Patriotismus

Nur noch rauchende Trümmer

Bergungsarbeiten am Ground Zero, dem Ort des Desasters mitten im Finanzzentrum von Lower Manhattan. Noch lange nach dem 11. September ragen einige der vom World Trade Center übrig gebliebenen Stahlgerippe wie Mahnmale aus dem qualmenden Schutt auf. Man rechnet damit, dass die Aufräumarbeiten auf einer Fläche von 65 000 Quadratmetern ein Jahr dauern werden. Den wirtschaftlichen Schaden, der durch die Attacken entstand, haben Experten für New York City auf rund 83 Milliarden Dollar veranschlagt. Ground Zero wird in den Wochen nach den Anschlägen von vielen amerikanischen und ausländischen Politikern besucht und für Touristen zu einer traurigen Sehenswürdigkeit

In Trauer verbunden

Für viele New Yorker wurde der Union Square, wenige Kilometer von Ground Zero entfernt, zu einem Treffpunkt, an dem sie ihren Schmerz und ihren Kummer mit anderen teilen konnten. Der Platz war in den Wochen nach dem Desaster ein Meer von Blumen, Kerzen und Erinnerungsstücken, die Angehörige und Freunde von Toten und Vermissten hinterließen

WE LOVE YOU

Ungenannte Helden

Feuerwehrleute und Räumungsarbeiter auf einem Platz unweit des eingestürzten World Trade Center.

Die Männertrupps, die zur Unglücksstelle streben oder von ihr zurückkehren, werden in den Wochen und Monaten nach dem 11. September zum gewohnten Bild. Die Räumung, zu der sich viele freiwillig gemeldet haben, geht jeden Tag bis Mitternacht – in manchen Bereichen auch rund um die Uhr. Im Dezember ist etwa die Hälfte des Schutts weggeschafft. Obwohl die Order lautet, Manhattan so schnell wie möglich von den Trümmern zu befreien, hat für die Männer die Bergung von Toten Vorrang

Wo bist du?

Die New Yorker Krankenhäuser werden nach dem Desaster von Menschen bestürmt, die ihre Angehörigen suchen. Wände, wie hier im Bellevue Hospital, Säulen, Laternenmasten und Verkehrszeichenpfähle sind gepflastert mit Steckbriefen von Vermissten. Es werden täglich mehr. Als erste Hilfe stehen für die Betroffenen bald zahlreiche psychologische Einrichtungen und Organisationen zur Verfügung. Zur finanziellen Überbrückung sammelt allein das Rote Kreuz in einem eigens gegründeten Fonds 543 Millionen Dollar für die Familien der Opfer und Verschollenen sowie für die Kinder, die zu Waisen wurden

Ken Lira
AGE: 24
HEIGHT: 5'6"
WEIGHT: about 165 lbs
R 110th FLOOR
ANTHONY DAMIA
LOOKING FO

Afghanistan-Krieg Bis zum bitteren Ende

Von Tilman Müller

Gespannt starren die Redakteure von Al Jazeera TV auf die Bildschirme. Lange ist nichts zu sehen, nur die schwarze Nacht über Kabul. Plötzlich flackern ein paar Lichtpunkte auf, heisere Stimmen erfüllen den winzigen Raum. „Es ist Krieg", stöhnt Nachrichtenchef Ahmed al-Sheik, und dann fügt er leise hinzu: „Wir sind die Ersten, die darüber berichten."

Es ist der 7. Oktober, der Tag, an dem der erste Krieg des 21. Jahrhunderts beginnt und der amerikanische Sender CNN die Nachrichten-Hoheit verliert – fünf Wochen lang. Tayseer Alouni, der Al-Jazeera-Korrespondent in Kabul, meldet sich an diesem Abend auf dem Schirm. Er trägt einen Taliban-Bart und berichtet von Detonationen in unmittelbarer Nähe. Wie einst im Golfkrieg der CNN-Mann Peter Arnett in Bagdad ist diesmal Alouni, ein Syrer mit spanischem Pass, der einzige Reporter, der live aus Kabul berichten kann – Alounis Konkurrentin, die CNN-Korrespondentin Christiane Amanpour, sitzt in der pakistanischen Hauptstadt Islamabad und kann nur Informationen aus zweiter Hand liefern.

In der Al-Jazeera-Zentrale im Golf-Emirat Katar löst sich ein Teil der Anspannung, als CNN erstmals Bilder mit dem Logo des arabischen Senders zeigt. „Wir haben es geschafft", ruft ein Techniker. Und sein Nebenmann reißt einen geradezu prophetischen Witz: „Was ist jetzt in Kabul am teuersten?", juxt er. „Rasierklingen natürlich, denn jetzt, wo es den Taliban an den Kragen geht, wollen doch alle möglichst schnell ihre Bärte scheren."

Erst am 13. November allerdings, dem Tag, an dem die verhassten Gotteskrieger aus Kabul fliehen, werden die Bärte tatsächlich gestutzt. Wochenlang hatten US-Kampfflieger zuvor Taliban-Positionen bombardiert, zunächst ohne großen Erfolg. Den Amis werde es in Afghanistan ergehen wie einst den Sowjets, so die Unkenrufe der Kritiker, es drohe ein zweites Vietnam.

Doch es kommt anders. Geschockt von den massiven Luftschlägen laufen die Gotteskrieger mit den schwarzen Turbanen in Scharen zur Nord-Allianz über, den Vasallen der USA. Nur ein paar tausend Ultramilitante kämpfen bis zum bitteren Ende – meist arabische Anhänger der radikal-islamistischen Terrorgruppe „al Qaeda", Fremdherrscher am Hindukusch, die höchstwahrscheinlich für die Anschläge vom 11. September in New York und Washington verantwortlich sind. Ihre Anführer haben am ersten Kriegstag ihren letzten großen Auftritt – mit einer Grusel-Show, die die Welt schockiert. Kurz nach Tayseer Alounis Bericht aus Kabul

Das berühmte Video von Osama bin Laden, in dem er die Zerstörung der USA ankündigt, wurde zuerst vom kleinen Sender Al Jazeera ausgestrahlt

kommt erneut Hektik in der Al-Jazeera-Zentrale von Doha auf. Männer in weißer Dischdascha, dem langen arabischen Hemdkleid, stürmen durch die Flure des Container-Baus. Alle reden aufgeregt vom „Bin-Laden-Clip". Und schon ist das Video auf Sendung. Millionen arabischer Zuschauer zwischen Casablanca und Karatschi – und später überall auf der Welt – verfolgen mit Entsetzen, wie der saudische Terrorchef Osama bin Laden vor einer Felsenhöhle mit erhobenem Zeigefinger der amerikanischen Supermacht den Kampf ansagt – eine Hasstirade, die in einem Schwur gipfelt: Solange sich die „Armeen der Ungläubigen" in „Palästina" und im „Lande Mohammeds" aufhielten, würde es für „Amerika und für diejenigen, die in Amerika leben" niemals Ruhe und Sicherheit geben. „Allah", so tönt der fromme Fanatiker in gefleckter Kampfuniform, „hat eine Gruppe von Muslimen auserkoren, die USA zu zerstören. Möge er ihnen die höchsten Plätze im Himmel zuweisen."

Staunend verfolgt die Al-Jazeera-Crew das Video, auf dem auch Ayman al-Zawahiri, die Nummer zwei in bin Ladens Terrornetzwerk, erscheint. Keiner der Redakteure hat geahnt, dass die Schattenkrieger mit solch einer Botschaft auf den von US-Präsident George W. Bush angeordneten Militärschlag reagieren würden – Taliban-Kämpfer, so stellt sich später heraus, warfen die Cassette aus einem fahrenden Jeep vor dem Kabuler Al-Jazeera-Büro auf die Straße, Tayseer Alouni überspielte das Band nach Katar. Nicht zum ersten Mal bringt der arabische Sender Exklusives aus dem afghanischen Terrorlager, im Januar etwa zeigte er Bilder von der Hochzeit eines Sohnes von Osama bin Laden in der Taliban-Hochburg Kandahar.

Überall in der arabischen Welt, in Ämtern, Teestuben und beim Friseur, sehen die Massen die Al-Jazeera-Berichte aus Afghanistan. Nur wenige stehen hinter dem islamischen Terror, doch nahezu alle lehnen das Bombardement der Amerikaner ab und kommentieren Ereignisse, die auf ein Straucheln der Supermacht hindeuten könnten, mit gelegentlich offener Schadenfreude. Auf Demonstrationen werden Bush-Puppen und US-Flaggen verbrannt. Viele Muslime sehen die beiden wichtigsten Terrorkrieger – Ayman al-Zawahiri und Osama bin Laden – als Robin-Hood-Figuren, die den überlegenen Westen wagemutig herausfordern.
Al-Zawahiri, der Ältere und Erfahrenere, ein Arzt aus Ägypten, dessen Großvater einst Groß-Imam an der ehrwürdigen Kairoer Al Azhar Universität war, gilt als der Kopf unerschrockener Gotteskrieger-Brigaden, die jederzeit bereit sind, Anschläge zu verüben und dabei ihr Leben zu opfern. Doch am meisten verehrt wird bin Laden, der Herold aus dem Herzland Arabiens, dessen märchenhaft reicher Vater die heiligen Stätten von Mekka und Medina so prachtvoll renovierte und der sich jetzt zum Wohle des Islam im rauen Afghanistan plagt, obwohl er sich dies eigentlich gar nicht antun müsste, bei dem vielen Geld, das er besitzt.
Während der Krieg in Afghanistan immer mehr Opfer fordert, entsteht zwischen Marokko und Indonesien ein regelrechter Bin-Laden-Kult. Auf den Bazaren gibt es Cassetten, Poster und T-Shirts, auf denen sanftmütig der Oberprediger des Heiligen Krieges zu hören oder zu sehen ist. Jeder kennt seine Geschichte. Stets wird hervorgehoben, wie Osama („der junge Löwe“) Anfang der neunziger Jahre mit viel Mut und Geld die gottlosen Sowjettruppen aus Afghanistan verjagte. Fromme Muslime teilen vielfach seine Forderung, die bis heute in Saudi-Arabien stationierten US-Soldaten müssten zum Abzug gezwungen werden – eine Forderung, die sich auch gegen das von 7000 Prinzen regierte, als korrupt verschriene saudische Könighaus richtet, das durch die US-Präsenz militärisch gestützt wird.
Auch im Westen ist „Amerikas Feind Nummer eins“ (so bereits der einstige US-Präsi-

Die amerikanischen Bomben auf Afghanistan lösen im benachbarten Pakistan Demonstrationen aus, bei denen Puppen von Bush und US-Flaggen verbrannt werden

dent Bill Clinton) in aller Munde. Als die indische Schriftstellerin Arundhati Roy behauptet, bin Laden sei der „dunkle Doppelgänger“ von Clinton-Nachfolger George W. Bush, setzt „Tagesthemen“-Moderator Ulrich Wickert noch eins drauf: „Bush ist kein Mörder und kein Terrorist, aber die Denkstrukturen sind die gleichen“, schreibt er und erkennt seinen Fauxpas erst hinterher. Doch vernünftige Vergleiche mit bin Laden gibt es nicht. Der Mann hat ein Weltbild, das auf 1400 Jahre alten Moralregeln basiert. Sein Steinzeit-Islam ist totalitär, seine Gewaltbereitschaft kennt keine Grenzen. Und seine Vision, von Afghanistan aus werde sich das „Kalifat“ – die Vereinigung aller Muslime unter einem Herrscher – ausbreiten, ist schlicht größenwahnsinnig.
Allerdings begann man im „Islamischen Emirat Afghanistan“ bereits damit, den religiösen Wahn in die Tat umzusetzen. Ein 1959 geborener Bauer ohne abgeschlossene Religionsausbildung namens Mullah Omar ist als Kalif der Chef der Taliban. Der treue Verbündete von Osama bin Laden führt den hochtrabenden Titel „Herrscher der Gläubigen“. Als die Nord-Allianz am 13. November in Kabul einmarschiert, finden sich in den Quartieren von bin Ladens Terrororganisation „al Qaeda“ Adressen von amerikanischen Flugschulen und Anleitungen für Sprengstoffanschläge.

Doch am 13. November beginnt nicht nur die Vertreibung der Gotteskrieger aus ihrem finsteren Paradies. An diesem Tag zerstören US-Bomben auch das Kabuler Büro von Al Jazeera, dem TV-Sender, von dem der ägyptische Romancier Adhaf Soueif sagt: „Er ist das einzige Fenster, durch das wir atmen können.“ Al-Jazeera-Korrespondent Tayseer Alouni muss fliehen, entrinnt nur mit knapper Not dem Tod. Und wenige Tage später besitzt CNN – nun nach Afghanistan zurückgekehrt – im ersten Krieg des 21. Jahrhunderts wieder die Nachrichtenhoheit.

Lodernde Wut in Pakistan

Anti-Amerika-Demonstranten verbrennen im Oktober vor einer Moschee in Peshawar eine Puppe, die US-Präsident George W. Bush darstellen soll. In Pakistan droht ein Bürgerkrieg, als die USA beginnen, das Nachbarland Afghanistan zu bombardieren, und immer mehr Flüchtlinge über die Grenze kommen. Zwar zeigt die Regierung eine pro-westliche Haltung, nicht wenige Pakistani sympathisieren jedoch mit Osama bin Laden und der Taliban-Regierung

Erdnussbutter für Afghanistan

Auf dem Kopf ein Bündel mit Lebensmittelpaketen, die von US-Flugzeugen für die hungernde Bevölkerung abgeworfen wurden, wandert eine Frau durch die Wüste. In den gelben Päckchen befinden sich unter anderem Marmelade und Erdnussbutter, die Afghanen bislang nicht auf dem Speiseplan hatten. Viele der Nahrungsrationen landen in verminten Gebieten: Neugierige Kinder geraten oft in Versuchung, die gut gemeinte Hilfe dennoch aufzusammeln, und geraten so in Lebensgefahr

Mit den Waffen der Feinde

Taliban-Kämpfer feuern im November nördlich der Hauptstadt Kabul mit einer sowjetischen Kanone auf die angreifenden Truppen der Nord-Allianz. Afghanistan war zwischen 1980 und 1992 von der ehemaligen Sowjetunion besetzt; schließlich gelang es der Bevölkerung, die verhasste Herrschaft der Okkupanten abzuschütteln. Die Taliban nutzten später die alten Waffen, die nach dem Rückzug der UdSSR im Land geblieben waren, um damit Krieg zu führen

Das Ende der Gottes-krieger

Diesen jungen Taliban haben Soldaten der Nord-Allianz bei ihrem Einmarsch in Kabul aufgestöbert: Bevor er ins Gefängnis abtransportiert wird, präsentieren sie ihn Journalisten. Nach der Befreiung der Hauptstadt im November atmet die Bevölkerung auf. Die strengen Gesetze der Taliban hatten die oft westlich orientierten Bewohner härter getroffen als viele Afghanen in der Provinz, die meist noch nach den alten Traditionen leben

Die Rache der Nord-Allianz

Nördlich von Kabul zerren Soldaten einen verwundeten Taliban-Kämpfer über den Boden. Sie verhören ihn kurz, dann schießen mehrere Männer auf ihn. Den Toten lassen sie im Staub liegen. Oft sind die Methoden, mit denen die von den USA unterstützten Krieger der Nord-Allianz ihre Feinde verhören, foltern und umbringen, nicht weniger brutal als die der alten Machthaber. Plünderungen und Massaker gehören zum Alltag, wann immer eine Stadt erobert wird

Gebete im Wüstensand

Ein Kämpfer der Nord-Allianz beobachtet seinen gläubigen Kameraden, der in einer Feuerpause während der Kämpfe im Oktober den Gebetsteppich gen Mekka ausgerollt hat. Für den Notfall steht sein Funkgerät griffbereit neben ihm. Doch immerhin ist der Panzer der beiden Soldaten in ihrer Stellung 16 Kilometer vor der nordafghanischen Stadt Chodja Bahauddin mit Sandsäcken vor den Blicken der Taliban-Truppen gut getarnt

Neue Lebensfreude

Das Lächeln kehrte zurück: Am 13. November zogen die Kämpfer der Nord-Allianz in Afghanistans Hauptstadt Kabul ein. Die Frauen, die am meisten unter der Taliban-Herrschaft gelitten hatten – weitgehend vom öffentlichen Leben, von Berufstätigkeit und Bildung ausgeschlossen – atmeten auf. Auch die kleinen Freuden des Alltags konnten sie wieder genießen – ihr Gesicht zeigen und sich schmücken, ohne dafür hart bestraft zu werden

Kleine Pause im Bürgerkrieg

Soldaten der Nord-Allianz während einer kurzen Waffenruhe im September bei der Stadt Bagram, 25 Kilometer nördlich von Kabul. Schon bevor die USA ihre Angriffe auf Afghanistan begannen, tobte zwischen der Nord-Allianz und den regierenden Taliban ein erbitterter Kampf um die Herrschaft im Land

Flucht unter dem Schleier

Zwei Frauen unter der Burka überqueren während des Krieges im November die Frontlinie zwischen den Taliban und der Nord-Allianz. Sie sind geflohen, weil ihr Dorf von schweren Bombenangriffen der USA getroffen wurde. Dabei haben sie fast ihre gesamte Habe verloren. Eine der Frauen hält die Thermoskanne fest, die ihr noch geblieben ist

TOYOTA
TOYOTA

Warten auf das Finale

Erschöpfte Soldaten der Taliban haben sich Ende November in einem langen Treck zusammengeschlossen und harren auf die endgültige Eroberung der Provinz Kunduz durch die Nord-Allianz, um vor den Siegern zu kapitulieren. Die Region im Norden Afghanistans war eine Hochburg der Taliban. Hier wurden gegen Ende der Kämpfe rund 10 000 Taliban-Krieger und deren Verbündete von den Truppen der Nord-Allianz umstellt

Ritt in die Freiheit

Frauen und Kinder aus Kunduz fliehen hoch zu Ross, um Schutz in den bereits von der Nord-Allianz kontrollierten Gebieten zu suchen. Die Burka, den traditionellen Ganzkörperschleier der islamischen Frauen, tragen sie auch unter den neuen Herren. Gerade in den abgelegenen Gebieten des Landes gehört er zum Alltagsbild, und viele Afghaninnen empfänden es als zutiefst unmoralisch, sich unverschleiert in der Öffentlichkeit zu zeigen

Mit Flagge und Feindbild

US Marine Corporal Brad Luschinski, 22, aus Sheridan im Bundesstaat Indiana hat sich Anfang Dezember in seinem Schießstand im Süden Afghanistans fast schon gemütlich eingerichtet. Auch an seine Motivation hat er gedacht: Das amerikanische Sternenbanner hat er über einem Sandsack aufgezogen, daneben liegt eine Fotografie von Terrorchef Osama bin Laden mit der Aufschrift „Gesucht – tot oder lebendig"

Ausland Der erste Konflikt des 21. Jahrhunderts

Von Mario R. Dederichs

Als „Kriegserklärung gegen die Zivilisation" empfanden die USA den Anschlag auf ihre wirtschaftlichen und militärischen Machtzentren, das World Trade Center in New York und das Pentagon in Washington. Noch ehe geklärt war, dass die vom saudiarabischen Millionär Osama bin Laden angeführte Untergrundorganisation al Qaeda für den Tod Tausender Menschen verantwortlich war, rief Präsident George W. Bush schon zum Weltkrieg gegen den Terrorismus auf: „Er wird nicht beendet sein, solange nicht jede terroristische Gruppe mit globaler Reichweite gefunden, gestoppt und geschlagen ist." Jene, denen schon Amerikas erste Vergeltungsaktion – die Zerschlagung der fundamentalistisch-islamischen Taliban-Herrschaft in Afghanistan – überzogen oder zwecklos erschien, warnte er: „Entweder seid ihr für uns, oder ihr seid für die Terroristen."

Wenn bin Laden Amerika vom Podest globaler Allmacht stürzen wollte, so ist ihm das gründlich misslungen. Nicht nur war er selbst am Ende des Jahres ein Gehetzter, war seine Infrastruktur in Afghanistan zerstört, machten Justiz und Fiskus überall im Westen Jagd auf die dunklen Netzwerke seiner Selbstmordattentäter sowie auf deren Helfer.

Nein, der Meisterplaner des wider Geist und Gesetz des Islam erklärten „Heiligen Krieges" (Dschihad) hat unfreiwillig erreicht, dass die Vereinigten Staaten von Amerika mächtiger denn je in das Jahr 2002 marschieren. Noch kurz zuvor schien die „unverzichtbare Weltmacht", so tituliert von Ex-Außenministerin Madeleine Albright, mit Bush in einen neuen Isolationismus abzugleiten. Geschwächt durch die unwürdige Wahl des engstirnigen Texaners, meldete sich Amerika nach und nach von weltweiten Verpflichtungen ab: nein zum Klima-Abkommen von Kyoto, nein zum Anti-Atomraketen-Vertrag (ABM) mit Moskau, nein zum Internationalen Strafgerichtshof, nein zur Bevölkerungspolitik der UN, nein zu einer aktiven Friedenspolitik im Nahen Osten, nein zu weiteren US-Truppen auf dem Balkan. Waren die USA dabei, sich hinter einen Raketenabwehrschild zurückzuziehen und die Außenbeziehungen ihren globalisierten Megaunternehmen zu überlassen?

Dann kam der 11. September, ein Datum, das bereits zur Metapher des Umbruchs geworden ist. Aus dem Schmerz der eigenen Verwundbarkeit, auch durch das totale Versagen der eigenen Abwehr, stieg ein rachedürstender Goliath auf, um seine unsichtbaren Feinde, so Bush, „aus ihren Löchern auszuräuchern". Amerika nahm sich das Recht, hemmungslos nach eigenem Gutdünken politisch, aber vorwiegend militärisch, global einzugreifen. Afghanistan

Krieg und Frieden: US-Präsident George W. Bush mit UN-Generalsekretär Kofi Annan

war nur der Anfang – Washington deutete weitere Operationsziele an, darunter der „Lieblingsfeind“ Irak. Niemand wagte mehr, Amerika, dem gedemütigten Terroropfer, Einhalt zu gebieten. Nicht nur Briten-Premier Tony Blair, in ewiger „special relationship“ auf Seiten der USA, auch Kanzler Gerhard Schröder erklärte „uneingeschränkte Solidarität“. Kaum einer traute sich an die Fragen nach den Ursachen des Massenmord-Terrorismus der al Qaeda: Bestehen Zusammenhänge zwischen Amerikas unabänderlich proisraelischer Politik im Nahen Osten, seinen Stützpunkten im ölreichen Land des Propheten, der Ausweglosigkeit wirtschaftlich zurückgebliebener arabischer und islamischer Gesellschaften und der fanatischen Bereitschaft zum „Märtyrertod“ in New York und Tel Aviv?

Seit dem 11. September gibt es auch die Nuancen zwischen „Terroristen“ und „Freiheitskämpfern“ nicht mehr. Folglich führt Russlands Semi-Diktator Wladimir Putin zu Recht einen Vernichtungskrieg gegen Tschetschenen, dürfen die Chinesen Tibeter und Uighuren unterdrücken, die Türken aufsässige Kurden bekriegen. Jassir Arafat galt wieder als „Terrorist“ – und am Palästinenserführer statuierte Israels brandstiftender Premier Ariel Sharon dieses Exempel gleich mit dem vollen Segen Amerikas.
Seit dem 11. September ist, auch wenn die UN und ihr Generalsekretär Kofi Annan 2001 den Friedensnobelpreis erhielten, eine Hoffnung der Menschheit schwächer geworden – dass im neuen Jahrtausend Konflikte mehr mit Geist und Geschick als durch Streubomben und Dämonisierung gelöst würden. Als „Kriegspräsident“ populär wie nie zuvor, ignorierte Bush die andere Dimension im Kampf gegen Terrorismus, das Ringen um Herz und Verstand.
„Es erstaunt mich, dass Leute uns so hassen können“, erklärte er selbstgerecht. „Ich kann es einfach nicht glauben, weil ich doch weiß, wie gut wir sind.“

Guter Rat aus Moskau

Mit erhobenem Zeigefinger redet Russlands Präsident Wladimir Putin im Oktober auf seinen Kollegen George W. Bush ein – und der Amerikaner hört ihm aufmerksam zu. Die beiden nutzen das Apec-Gipfeltreffen in Shanghai – bei dem die Gastgeber alle Teilnehmer in chinesische Seidenjacken gehüllt haben –, um über das gemeinsame Vorgehen gegen den Terror zu diskutieren. Putin hilft den Amerikanern im Afghanistan-Krieg mit Logistik und Geheimdienstinformationen, oft gegen den Widerstand seiner Militärs. Die Belohnung: Moskau ist nun geschätzter Partner, nicht mehr Rivale der USA bei Nato-Ausdehnung und Raketenabwehrplänen

Eiserner Sarg voller Rätsel

Wie ein monströser Wal liegt die „Kursk" in einem Trockendock bei Murmansk. Die Bergungsarbeiten hatten am 7. Oktober begonnen, 439 Tage nach dem dramatischen Untergang des russischen Atom-U-Boots. Mit Hilfe der größten Schwimmplattform der Welt gelang es, den Koloss aus der Barentssee zu heben. An Land versuchen Spezialisten nun herauszufinden, was tatsächlich zu der Katastrophe geführt hat, bei der 118 Seeleute unter Wasser starben

Schwarze im Visier

Loria Artis weint um ihren Freund Timothy Thomas. Der 19-Jährige wurde im April in Cincinnati von einem Polizisten erschossen – er war einer von 15 Schwarzen, die in den vergangenen fünf Jahren in der Stadt durch Polizistenhand starben. Thomas, wegen kleinerer Verkehrsdelikte vorbestraft, war unbewaffnet. Nach dem Freispruch des weißen Beamten kam es in den Schwarzenvierteln von Cincinnati zu schweren Unruhen

Odyssee im Pazifik

Die 433 Flüchtlinge, viele von ihnen Afghanen, waren schon weit gekommen. Doch auf der letzten Etappe ihrer Flucht nach Australien, der Überfahrt zur Weihnachtsinsel, gerieten sie in Seenot. Ihre Rettung war der norwegische Frachter „Tampa". Am 26. August holte Kapitän Arne Rinnan (o.) die Schiffbrüchigen an Bord und wollte sie zur Weihnachtsinsel bringen. Australien aber verbot die Einfahrt in seine Gewässer. Zwei Monate vor der nächsten Wahl statuierte Premier John Howard ein Exempel: keine illegalen Einwanderer mehr. Howard gewann die Wahl. „Tampa"-Kapitän Rinnan, der später für seine Courage den höchsten Orden seiner norwegischen Heimat bekam, funktionierte sein Schiff zum Asyl um, öffnete Container zum Wohnen und als Nothospital. Schließlich wurden die 433 Menschen von der australischen Marine nach Nauru in Ozeanien gebracht. In dem winzigen Inselstaat dürfen sie bleiben – vorerst

CRONOS
STAR

Blutiger Protest

Am 13. August hackten sich in Seoul 20 Südkoreaner die Kuppen ihrer kleinen Finger ab. Danach wickelten sie die verstümmelten Finger in die koreanische Nationalflagge – Demonstration gegen den japanischen Ministerpräsidenten Junichiro Koizumi, der an diesem Tag den Yasukuni-Schrein in Tokio besuchte. In dem Heiligtum huldigen viele Japaner ihren Soldaten – darunter auch Kriegsverbrechern. Nicht nur in Korea, das die Japaner von 1910 bis 1945 besetzt hielten, sondern auch in zahlreichen anderen Ländern Asiens wurde Koizumis nationalistische Geste verurteilt

Im Namen der Scharia

Mit verbundenen Augen wartet eine iranische Drogenhändlerin auf ihre Hinrichtung, mit der laut Scharia, der islamischen Gesetzgebung, ihr Delikt bestraft wird. Wie im Iran wird im Jahr 2001 auch in Pakistan, im Sudan, in Saudi-Arabien und bei den afghanischen Taliban nach den religiös begründeten Regeln Recht gesprochen. Sie legen die Strafen für Verbrechen wie Diebstahl, Ehebruch oder Mord fest, schreiben aber auch die Ahndung von Vergehen wie den Geschlechtsverkehr zwischen Unverheirateten, das Trinken von Alkohol oder das Aufstellen von Götzenbildern vor

Ein smarter Hardliner

Mit Rufen nach einer schärferen Gangart in der Ausländerpolitik führte der liberalkonservative Däne Anders Fogh Rasmussen einen manchmal schmutzigen Wahlkampf. Sein Sieg im November über die Sozialdemokraten – das Foto zeigt ihn in der Wahlnacht mit seiner Frau Anne-Mette und umringt von Journalisten – ließ Befürchtungen aufkommen, es könnte im Norden einen Rechtsruck geben. Der clevere Strahlemann, der auf einem Plakat für die Jugend als James-Bond-Kopie mit gezückter Pistole posiert hatte, präsentierte dann bei der Regierungsbildung einen „sanften" Ausländerminister, um die Wogen zu glätten

Eine Bombe mitten ins Leben

Verwundete Israelis werden notdürftig von Sanitätern auf dem Straßenpflaster versorgt, nachdem sich am 1. Dezember zwei palästinensische Selbstmordattentäter mitten in einem belebten Einkaufszentrum in der Jerusalemer Innenstadt in den Tod gesprengt haben. Für ihren Anschlag wählten sie die Abendstunden, in denen viele Menschen noch schnell ein paar Besorgungen erledigen wollten. Sechs Passanten und die beiden Terroristen kommen ums Leben, über 150 Menschen werden zum Teil schwer verwundet. Nur wenige Minuten nach dem Anschlag explodiert ganz in der Nähe noch eine Autobombe. Während der letzten Wochen des Jahres eskaliert die Gewalt in Israel erneut dramatisch – Selbstmordattentate der Palästinenser wechseln sich ab mit Vergeltungsschlägen der israelischen Armee auf palästinensische Ziele in den von Israel besetzten Gebieten im Westjordanland

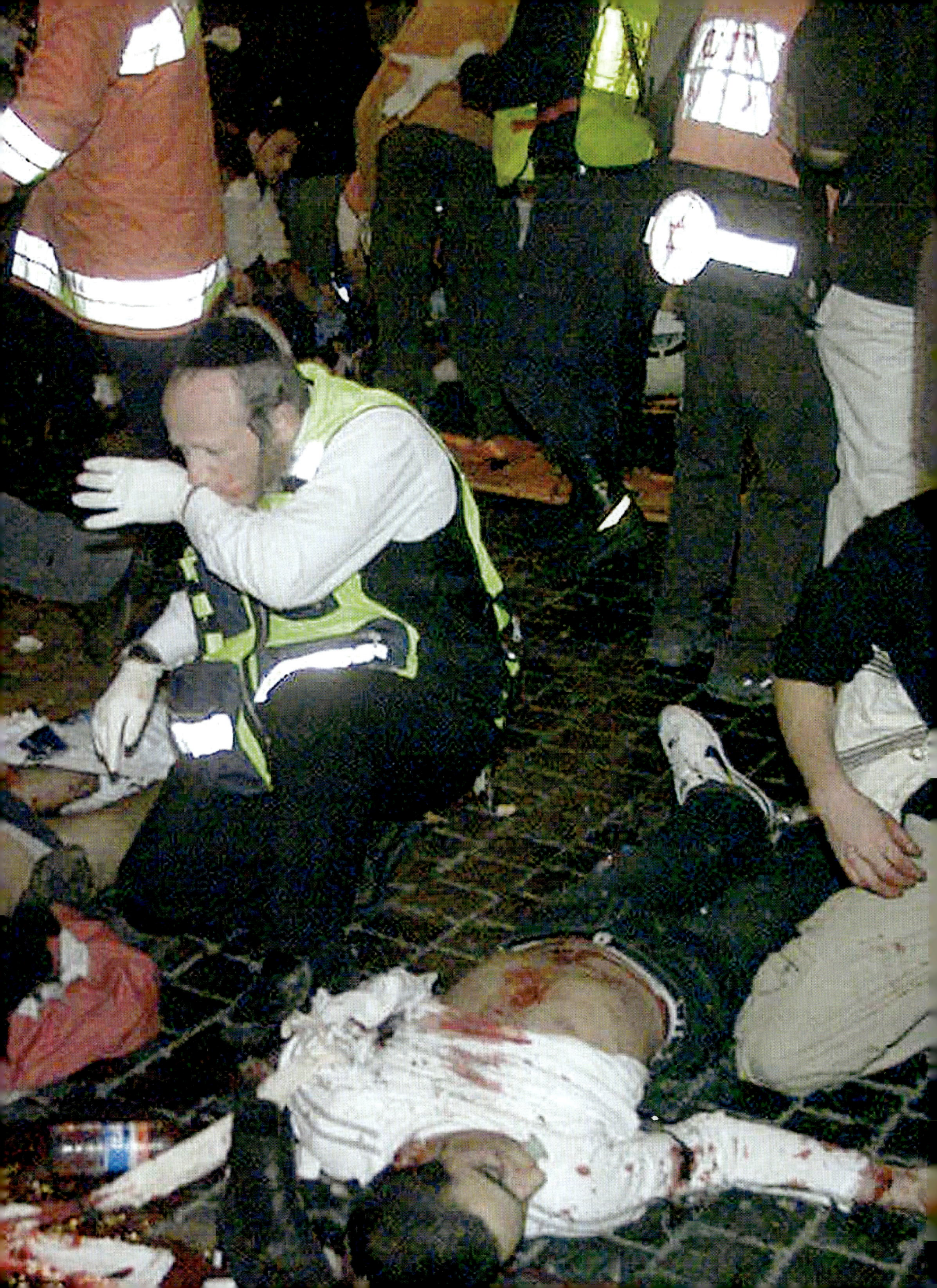

Krieg ist für sie ein Kinderspiel

Bei der Beerdigung eines PLO-Mannes posieren die Kinder von Ramallah mit Maschinenpistolen. Der jüngste von ihnen ist noch so klein, dass er kaum über die Scheibe des Jeeps hinwegschauen kann. Statt ins Freibad gehen diese Jugendlichen auf die Straße, um sich dort Schlachten mit der israelischen Armee zu liefern. Viele von ihnen verlieren dabei ihr Leben, bevor es noch richtig begonnen hat

Der Tod war Hochzeitsgast

Der 26. Mai sollte der schönste Tag im Leben von Assaf und Keren Dror werden, doch die Hochzeitsfeier in der Jerusalemer „Versailles-Festhalle" endete in einer Tragödie. 23 Gäste, darunter auch der Großvater des Bräutigams, stürzten in den Tod, als der Boden im obersten Stockwerk des Gebäudes unter den Füßen der Tänzer zusammenbrach und die darunter liegenden Stockwerke mit sich in die Tiefe riss. 300 weitere Gäste wurden verletzt. Der Tanzpalast kollabierte, weil er nachlässig konstruiert und mit billigem Material errichtet worden war

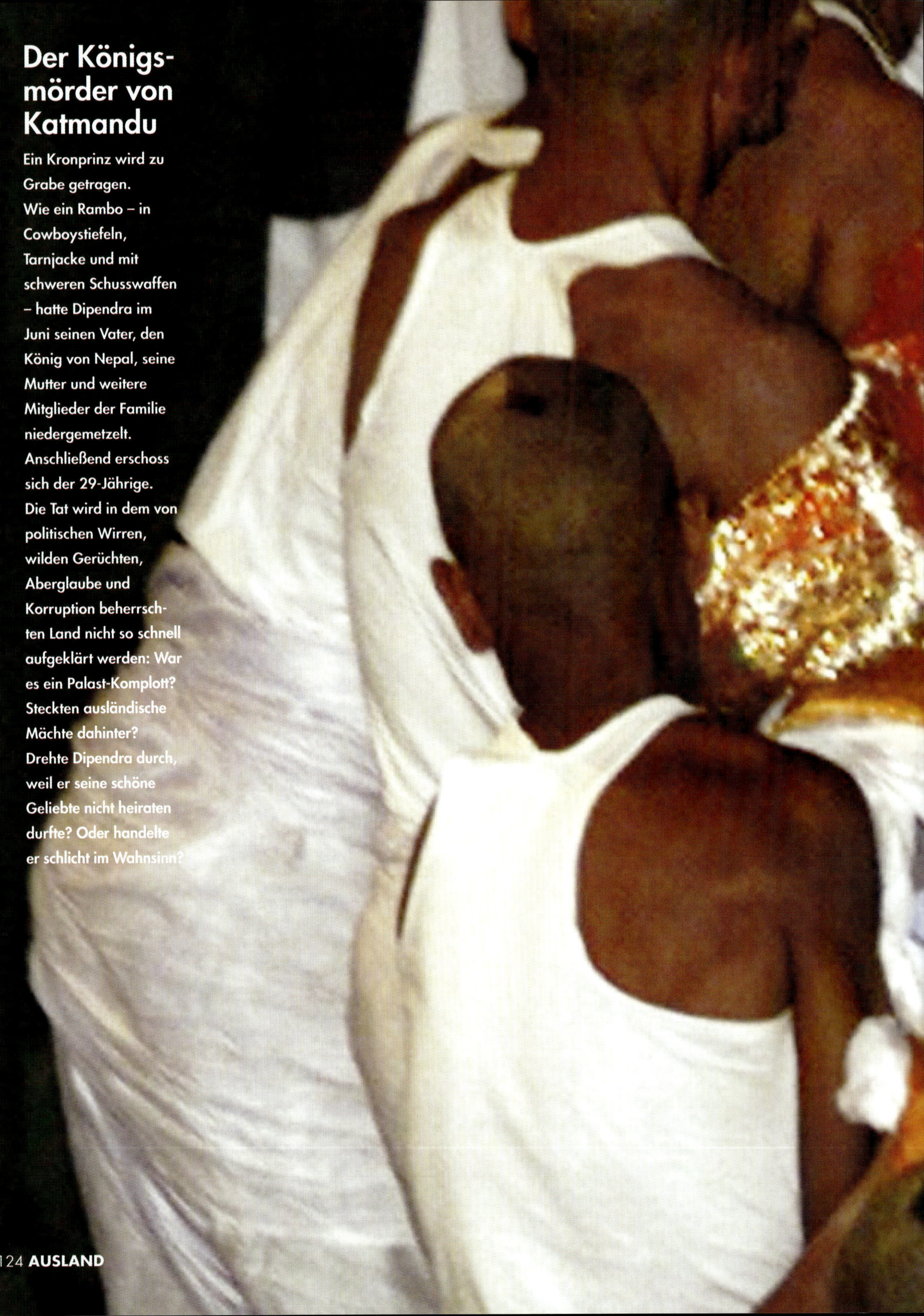

Der Königsmörder von Katmandu

Ein Kronprinz wird zu Grabe getragen. Wie ein Rambo – in Cowboystiefeln, Tarnjacke und mit schweren Schusswaffen – hatte Dipendra im Juni seinen Vater, den König von Nepal, seine Mutter und weitere Mitglieder der Familie niedergemetzelt. Anschließend erschoss sich der 29-Jährige. Die Tat wird in dem von politischen Wirren, wilden Gerüchten, Aberglaube und Korruption beherrschten Land nicht so schnell aufgeklärt werden: War es ein Palast-Komplott? Steckten ausländische Mächte dahinter? Drehte Dipendra durch, weil er seine schöne Geliebte nicht heiraten durfte? Oder handelte er schlicht im Wahnsinn?

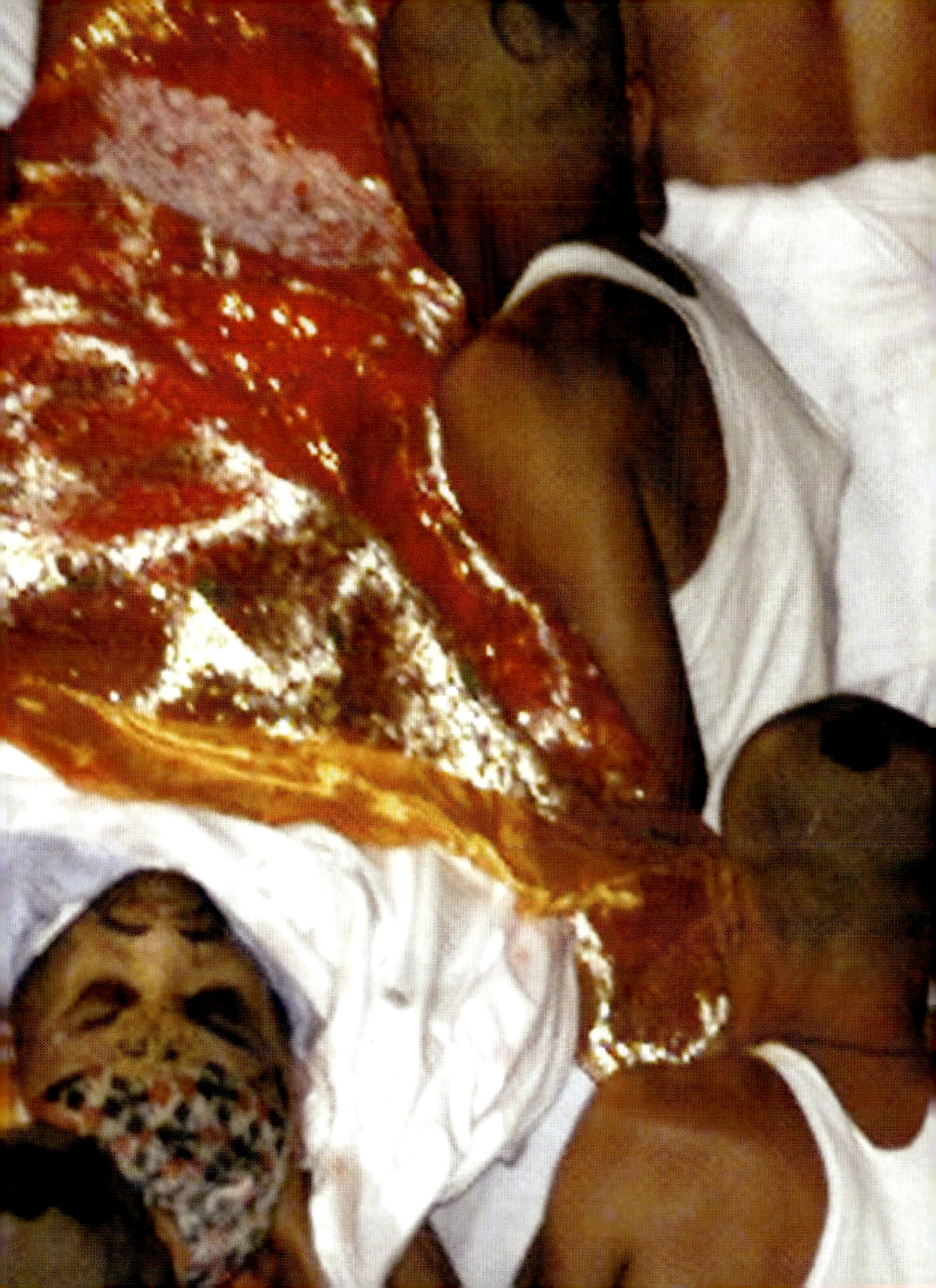

Als wär's nur Dreck

Eine Kleinstadt in Zentralchina: Mitten im Ort liegt ein totes Baby – weggeworfen wie Abfall. Ein alter Mann schaut neugierig auf den kleinen Leichnam. Anwohner und Passanten bleiben stoisch, und in nächster Nähe geht eine Straßenverkäuferin mit ihrer fahrbaren Garküche ihrem Geschäft nach. Eine Medizinstudentin kommt zufällig vorbei: Aus Angst, sich strafbar zu machen, wagt sie es nicht, das Baby aufzuheben, macht aber heimlich Fotos. Mehrere Male ruft sie die Polizei, die erst nach drei Stunden kommt – inzwischen hat jemand den Leichnam in einen Karton gelegt und ist damit davongeradelt, möglicherweise zu einer Müllkippe. Chinas „Ein-Kind-Politik" fordert ihren Tribut. Das Land, in dem die Kleinen sonst gern wie Prinzen und Prinzessinnen behandelt werden, ist zur Hölle für ungewollte Kinder geworden: Selbst in Kliniken, woher der Säugling am Straßenrand vermutlich stammt, werden Neugeborene gezielt umgebracht, damit die Geburtenrate stimmt

Tanz für Terroristen

Wahlkampf im Baskenland: Eine junge Frau führt einen Volkstanz auf – zu Ehren inhaftierter Basken, deren Bilder im Hintergrund hochgehalten werden. Die gespenstische Szene ist eine Aktion der „Euskal Herritarrok". Die Partei gilt als politischer Arm der Terror-Organisation Eta, die seit Jahrzehnten für ein unabhängiges Baskenland Bomben legt. Auch der Wahlkampf 2001 wurde von zwei schweren Anschlägen überschattet. Doch an der Urne nützte die Gewalt den radikalen Separatisten nichts – sie büßten die Hälfte ihrer Mandate im baskischen Parlament ein

Caride Simon Rafael
93 / 02 / 20
Prieto Jurado Sebas
94 / 12 / 18
96 / 11 / 21

Ein Bürgerkrieg am Rande

Mazedonische Hubschrauber beschießen im Mai mit Raketen das Gebirgsdorf Slupcane, in dem sich angeblich Freischärler eingenistet haben. Mehrere Monate lang führen Kämpfer der so genannten Befreiungsarmee UÇK – aus dem Kosovo mit Waffen unterstützt – einen Kleinkrieg mit Regierungsstreitkräften um das mehrheitlich von Albanern bewohnte Territorium an der Nordgrenze. Die Albaner, sie machen rund 30 Prozent der Bevölkerung Mazedoniens aus, fordern Gleichberechtigung mit den Bürgern slawischer Abstammung und die Anerkennung von Albanisch als zweiter Landessprache. Auf Druck der EU und der Nato legen die UÇK-Kämpfer ihre Waffen nieder, dafür beschließt das mazedonische Parlament, die meisten Forderungen der Albaner zu erfüllen

Ein Diktator wird abgeführt

Bedeutungsvoller Zwischenstopp im bosnischen Tuzla für Jugoslawiens Ex-Präsident Slobodan Milošević: Er wird von dort am 29. Juni in die Niederlande weitergeflogen und in ein Hochsicherheitsgefängnis überführt. In einer Nacht-und-Nebel-Aktion hatte Jugoslawiens Regierungschef Zoran Djindjic – internationalem Druck folgend – den Ex-Diktator in Belgrad verhaften lassen, um ihn an das Kriegsverbrecher-Tribunal in Den Haag auszuliefern. Dort muss Milošević sich nun wegen Kriegsverbrechen und Völkermordes verantworten

Bis nichts mehr bleibt

Eine gewaltige Explosion – und ein einzigartiges Kulturgut Afghanistans war nur noch ein Haufen Schutt. Die riesigen Felsen-Buddhas von Bamian, vor Jahrhunderten Mittelpunkt einer religiösen Stätte an der legendären Seidenstraße, wurden im März von den Taliban vernichtet; im Bild: die Statue auf der Westseite des Kliffs, wo einst in den Höhlen Mönche lebten. Ihr zu Füßen luden die Taliban Müll und Munition ab. Ihr Ziel: jedes Erbe aus vorislamischer Zeit auszulöschen. Im April zerstörten sie dann mit Vorschlaghämmern die Schätze im Nationalmuseum von Kabul

Defilee der Rebellen

Bis zu 29 000 Häftlinge beteiligten sich im Februar in Brasilien an einer landesweiten Gefängnisrevolte, die im Carandiru-Zuchthaus bei São Paulo begonnen hatte. Im Hof der berüchtigten Haftanstalt mussten nach dem Ende der Revolte Aufständische zur Leibesvisitation antreten. Gesucht wurden nicht nur Waffen, sondern auch Handys – mit ihnen hatten sich die Rebellen von Zelle zu Zelle und von Gefängnis zu Gefängnis verständigt. Die Bedingungen im mit mehreren tausend Insassen belegten Carandiru sind nach wie vor so miserabel, dass es im November zu einem Massenausbruch kam

Deutschland Des Kanzlers Lust auf die Weltbühne

Von Andreas Hoidn-Borchers

Erinnert sich noch jemand, worüber wir uns vor einem Jahr empört haben? Erinnert sich jemand an BSE und die Minister Andrea Fischer und Karl-Heinz Funke? An die großspurig vom Kanzler verkündete Agrarwende – weg vom industriellen Massenmampf, hin zur ökologisch korrekt produzierten Nahrung? Oder an die Kampagne gegen den Außenminister, nachdem der *stern* Bilder veröffentlicht hatte, die Joschka Fischer zeigen, wie er in den Siebzigern mit seiner Frankfurter „Putztruppe" den Sponti-Slogan „Haut die Bullen platt wie Stullen" in die Tat umsetzte? Gar daran, dass Gerhard Schröder noch im März herausgerutscht war, er peile bis zum Ende der Legislaturperiode weniger als drei Millionen Arbeitslose an – da hat sich einer ziemlich versprochen. So nah, das alles, und doch so fern und zugleich lappalienhaft. Weit vor jenem Tag, an dem Terroristen die Türme des World Trade Centers in New York buchstäblich zerstäubten und hierzulande einige feste Glaubenssätze zertrümmerten. Dass Grüne etwa nie zustimmen würden, wenn deutsche Soldaten in einen von den USA geführten Krieg geschickt werden sollen. Oder dass ein deutscher Kanzler nie nach größerem weltweiten Einfluss gieren würde, wenn dazu militärisches Engagement vonnöten ist. Nun, am Ende dieses turbulenten Jahres 2001, steht die Bundeswehr unter dem Befehl des Turtelfalken und Emotions-Exhibitionisten Rudolf Scharping am Hindukusch, weit „out of area". Ausgerechnet Sozialdemokrat Schröder hat Deutschland binnen kurzem schon am dritten Krieg beteiligt und das wiedervereinigte Land auf einen neuen alten Pfad geführt: schnurstracks zurück in die Mitte der Weltbühne, auf – wie er es sieht – gleiches Niveau mit Briten und Franzosen. Anfangs eher ungelenk auf internationalem Parkett, hat Schröder Lust an der Außenpolitik gefunden – und sie als Chance begriffen, selbst ein Großer zu werden; gemessen an seinen Vorgängern, aber auch global gesehen. Mit Putin und Bush auf Du und Du zu verhandeln ist eben doch etwas anderes als der provinzielle Koalitionsschnack mit den Herren Struck und Schlauch.

Das mag, neben aller ehrlichen Betroffenheit, auch eine Rolle gespielt haben, als Schröder am 11. September den USA ohne Zögern seine „uneingeschränkte Solidarität" beim Kampf gegen den internationalen Terrorismus zusagte, wohl wissend, dass damit die Zeit der vornehmen deutschen Zurückhaltung in Kriegsdingen endgültig zu Ende sein würde. Als führende Wirtschaftsmacht könne es sich die Bundesrepublik nicht leisten, bei Konflikten immer nur Geld, aber keine Soldaten zu opfern, lautet Schröders

Dankbar nimmt Gerhard Schröder – auf dem SPD-Parteitag im November in Nürnberg – die Zustimmung der Genossen zu seinem Kurs entgegen

Hauptargument. Schade nur, dass er nicht definieren kann oder will, wo künftig die Grenzen für deutsche Einsätze und das jeweilige nationale Interesse liegen sollen. Es gilt vorerst: Dabei sein ist alles. Extrem dumm aber auch, dass er sich just dann zum *Global Player* aufschwingt, da sein Land ökonomisch auf Zwergenformat schrumpft. Der Kanzler, der nach Reformen 2001 nur noch mit „ruhiger Hand", also tatenlos, dem erneuten Wahlsieg entgegenregieren wollte, muss feststellen, dass Deutschland unter seiner Führung zum Wachstums-Schlusslicht Europas geworden ist, dass die Arbeitslosenzahl wieder auf die Vier-Millionen-Marke weist, die Beiträge der Krankenkassen explodieren, die Lohnnebenkosten trotz Einnahmen aus der Öko-Steuer steigen. Kurz, dass wir nach drei Jahren Rot-Grün in einer tiefen Krise stecken. Doch gerade das könnte – paradox, aber wahr – ihm auch noch zum Vorteil gereichen.

Womöglich ist „Sicherheit im Wandel" wirklich der richtige SPD-Slogan für die Wahl am 22. September 2002. In einer Welt, die immer fixer durcheinander gewirbelt wird, sehnen sich die Menschen nach einem Halt, nach einer Konstante. Und diese Konstante scheint Gerhard Schröder zu verkörpern. Was immer auch passiert, welche Fehler seine Regierung auch machen mag, er ist gemeinsam mit seinem grünen Kompagnon Fischer unangefochtener Spitzenreiter der Umfragen – als hätte der Kanzler mit der ganzen Misere nichts zu tun. Wechselstimmung machen die Demoskopen nicht aus. Woher soll sie auch kommen angesichts einer oppositionellen Union, die sich dümmer aufführt, als der Wähler erlaubt, und lieber die CDU-Vorsitzende Angela Merkel demontiert, als die kriselnde Koalition zu attackieren? Da bauen die Deutschen doch eher auf einen führungsstarken Kanzler – auch wenn nicht immer ganz ersichtlich ist, wohin er sie führt.

Gemeinsame Abwehr

Nur nicht zu viele Fragen! Bei einer Pressekonferenz nach ihren Gesprächen im Weißen Haus im Oktober demonstrieren US-Präsident George W. Bush und Bundeskanzler Gerhard Schröder Übereinstimmung. Berlin folgt dem Kriegskurs der USA im Kampf gegen islamische Terroristen und ihre Förderer ohne Wenn und Aber: „Uneingeschränkte Solidarität" nennt Schröder das. Sein Renommee auf der Weltbühne wertet er im Dezember als Gastgeber der Bonner Afghanistan-Konferenz auf. Zugleich aber bangt er vor amerikanischen „Abenteuern" wie einem Waffengang gegen den Irak

Joschkas wilde Jugend

Im Januar tauchen alte Fotos aus der gewalttätigen Vergangenheit des Außenministers auf. Sie zeigen, wie der junge Joschka Fischer 1973 im Frankfurter „Häuserkampf" auf einen Polizisten losgeht. Fischer bekennt im *stern:* „Ja, ich war militant." Die Opposition nutzt die dunklen Flecke in seiner Biografie zu einer wochenlangen Kampagne. Als Deutschlands Chefdiplomat sich bei seiner Zeugenaussage im Frankfurter „Opec"-Prozess in Widersprüche verwickelt, muss er sogar um sein Amt fürchten. Zusammenarbeit mit Terroristen oder die Beteiligung an Anschlägen mit Molotowcocktails können ihm jedoch nicht nachgewiesen werden. Fischer bleibt Minister – und wird später sagen: „Das waren die schlimmsten Wochen meines politischen Lebens"

Guck mal, der Kanzler

Im Juni war für Gerhard Schröder die Welt noch in Ordnung: kein Krieg, keine Konjunkturkrise, kein Koalitionskrach. Mit ruhiger Hand konnte der Kanzler in Potsdam Touristen zuprosten, während er mit Brandenburgs Ministerpräsident Manfred Stolpe (rechts) und Oberbürgermeister Matthias Platzeck zu Mittag aß. Nach der Sommerpause verdüsterte sich die Lage – und die Stimmung Schröders: Die Wirtschaft rutschte in die Rezession, das Ziel, die Zahl der Arbeitslosen auf 3,5 Millionen zu senken, rückte in weite Ferne. Ein Rezept gegen die Krise hat der Genosse der Bosse nicht gefunden – aber eine neue Rolle: Im Kampf gegen den Terror gibt Schröder nun den Kriegskanzler. Dem Publikum gefällt's – vor dem Jahresende, zehn Monate vor der nächsten Bundestagswahl, lag der Regierungschef bei allen Umfragen vorn

CDU

Ach, du dickes Ei!

Das symbolkräftige Foto vom Wahlkampfauftakt der Berliner CDU im Juli zeigt, wer den Attacken auf die Union am besten trotzt: CSU-Chef Edmund Stoiber – nicht nur, wie hier, bei Eierwürfen von links. Es zeigt zudem die CDU-Vorsitzende Angela Merkel eher als Randfigur. Und es zeigt, vielmehr verbirgt es Frank Steffel, den unglückseligen Spitzenkandidaten der Hauptstadt-CDU. Der 35-jährige Protegé von Altkanzler Helmut Kohl bringt sich hinter Stoiber in Sicherheit. Bei der Wahl im Oktober stürzte seine Partei ins historische Tief von 23,7 Prozent. Natürlich wurde Merkel das Desaster angelastet. Für sie war das aber nur eine von vielen Schlappen in einem Jahr, in dem es ihr trotz der schwächelnden Regierung Schröder nur zum Ende hin gelang, ihre Partei ein wenig zu stabilisieren

Rudi Ralala

Er galt als eine Art Fleisch gewordener Rechenschieber, als solide, gründlich, kenntnisreich, verlässlich. Etwa so wie seine Bundeswehrreform: wenig mutig, ohne große Zukunft, aber es lässt sich eine Weile damit leben. Den in langen Jahren erworbenen Ruf hat Rudolf Scharping binnen weniger Wochen gründlich ruiniert. Wild darauf, endlich auch mal als Mensch wahrgenommen zu werden, zelebrierte der Verteidigungsminister seine Liebe zu Kristina Gräfin Pilati in aller Öffentlichkeit. Er tollte für Fotografen mit ihr über Wiesen und ließ sich beim Plantschen und Poussieren im Pool auf Mallorca ablichten. Als herauskam, dass ihn die Flugbereitschaft für eine Nacht zur Liebsten ins Urlaubsdomizil bringen musste, befand sein Genosse Wolfgang Clement knapp: „Der Rudi hat 'ne Macke." Vorm Rauswurf aus dem Kabinett bewahrten ihn das Mitleid des Kanzlers und der 11. September

Big Brother Otto

Wenn's um die innere Sicherheit geht, kennt Otto Schily keine Gnade: Der Innenminister posiert für einen neuartigen Personalausweis. Am liebsten wüde er dafür von jedem Deutschen einen Fingerabdruck nehmen lassen. Seit den Terroranschlägen vom 11. September schnürt der „Law-and-Order-Mann" (Schily über Schily) ein Sicherheitspaket nach dem anderen. Ausgerechnet der ehemalige Terroristen-Anwalt schränkt die Bürgerrechte ein und leistet dem Schnüffelstaat Vorschub. Grüne Politiker und Datenschützer jaulen auf, doch SPD-Chef Gerhard Schröder gefällt's, wie sein roter Sheriff die rechte Flanke im Kampf um die Wähler abdeckt. So bat der Kanzler Schily, der mit seinen bald 70 Jahren den Ruhestand in der Toskana genießen könnte: „Otto, dreh doch noch mal 'ne Runde"

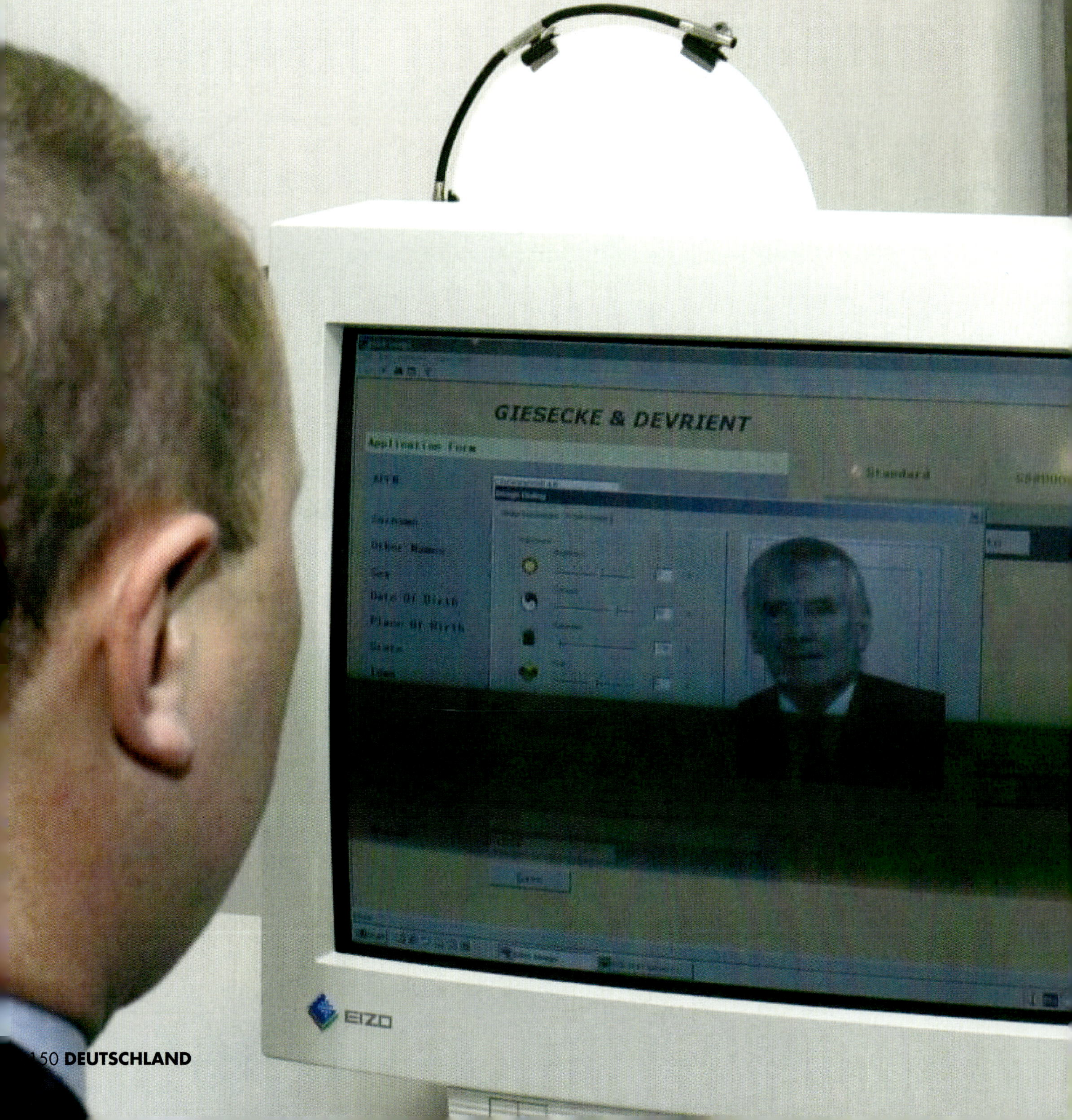

Offen nach allen Seiten

Was macht man, wenn man Guido Westerwelle heißt, gerade zum FDP-Chef gekürt worden ist, seine Partei auf 18 Prozent und zurück in die Bundesregierung bringen will und die Gesetze der Medienwelt genau kennt? Man lädt zum Beispiel die CDU-Kollegin, die gerade ihre Liebe zum Cabrio bekannt hat, zu einer kleinen Spritztour durch Berlin ein. So konnte Westerwelle kurz hintereinander gleich mehrere Dinge demonstrieren: dass er nicht nur mit dem Kanzler gut Zigarren rauchen, sondern auch mit Angela Merkel einen schicken Schlitten fahren kann. Und dass in der Opposition einer am Steuer sitzt und Gas gibt: Er

Abschied vom Pazifismus

Die Bereitstellung deutscher Truppen für den Krieg gegen den Terror stellte die Grünen vor eine Zerreißprobe. Tagelang stand die Koalition mit der SPD auf der Kippe – dann fiel im November auf einem Bundesparteitag in Rostock die Entscheidung: Mit überraschend großer Mehrheit billigten die Delegierten den Einsatz der Bundeswehr in Afghanistan. Die Entscheidung markierte eine Zäsur: Mehr als 20 Jahre nach ihrer Gründung nahmen die Grünen endgültig Abschied vom Pazifismus. Nach dem Abstimmungssieg freuten sich (v. l.): Außenminister Joschka Fischer, die Fraktionschefs Rezzo Schlauch und Kerstin Müller und Verbraucherministerin Renate Künast

Siegertypen

Unterschiedlicher könnten die beiden kaum sein. Der eine ist eingefleischter Sozi und bekennender Schwuler mit dem Outing-Spruch „Und das ist auch gut so". Der andere erwarb sich einen Ruf als „Richter Gnadenlos" und Gründer einer forschen Protestpartei. Eines aber haben Klaus Wowereit und Ronald Barnabas Schill (rechts mit zwei Bodyguards) gemein: Sie gehören zu den politischen Gewinnern des Jahres. Wowereit, bis dahin kaum bekannter Chef der SPD-Fraktion im Berliner Abgeordnetenhaus, nutzte im Frühjahr eine Bankenaffäre, um die CDU von der Macht abzulösen. Populist Schill schaffte es mit seiner „Partei Rechtsstaatlicher Offensive" bei der Wahl in Hamburg aus dem Stand auf fast 20 Prozent und direkt in eine Koalition mit CDU und FDP. Als Innensenator werde er, gelobte der Ein-Themen-Politiker, die Stadt sicherer machen als die abgelöste rot-grüne Regierung

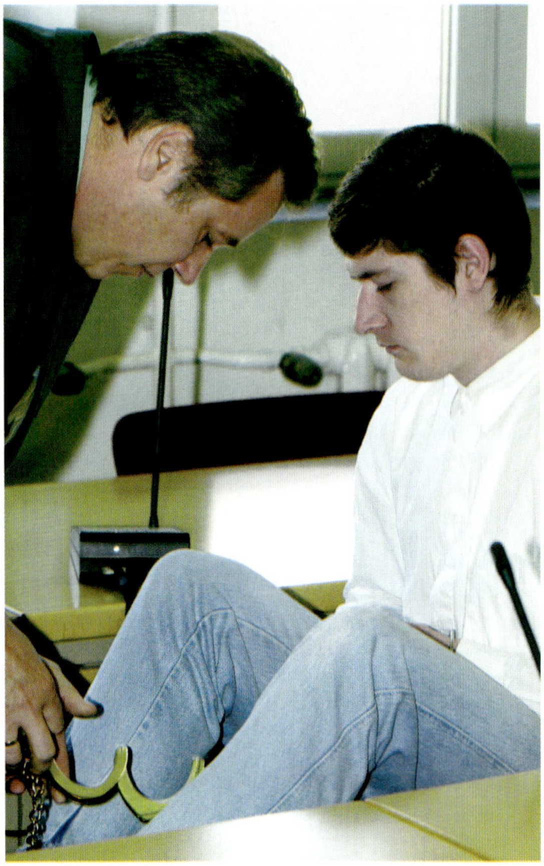

Verbrechen an Kindern

Das Verschwinden der zwölfjährigen Ulrike Brandt aus Eberswalde führt zu einer der aufwendigsten Suchaktionen der Polizeigeschichte und schreckt das ganze Land auf – großes Bild: Gedenkecke in ihrem Klassenzimmer. Das Mädchen wird im Februar 400 Meter vom Elternhaus entfernt verschleppt, missbraucht und umgebracht. Im November wird der 25-jährige Stefan Jahn für die Tat zu lebenslanger Haft verurteilt – Foto: bei Abnahme der Fußfesseln im Gerichtssaal. Im September verschwindet der neunjährige Dennis, später findet man seine Leiche. Er wurde vermutlich Opfer eines Triebtäters. Im Lauf des Jahres lösen mehrere spektakuläre Fälle von missbrauchten und ermordeten Kindern eine öffentliche Diskussion über den Umgang mit Sexualverbrechern aus

RTL
SAT.1
Das Erste

Zurück nach Kabul

Georg Taubmann, Silke Dürrkopf, Margrit Stebner und Kati Jelinek haben 101 Tage und Nächte in der Gewalt der Taliban verbracht. Ihnen wurde christliche Missionierung der Bevölkerung vorgeworfen. Nach ihrer Freilassung im November wünschen sie sich, so bald wie möglich wieder nach Kabul gehen zu können. Die Mitarbeiter der Hilfsorganisation „Shelter Now" hatten, bevor sie von den Taliban inhaftiert wurden, Straßenkinder betreut. Nun wollen sie Schulen bauen, in denen auch Mädchen Lesen und Schreiben lernen können

Wirtschaft Der Traum von einer anderen Welt

Von Stefan Schmitz

Die Mächtigen verschanzten sich hinter hohen Zäunen, an denen Zehntausende rüttelten. Genua, im Juli. Der G-8-Gipfel, zu dem sich die Staats- und Regierungschefs der wichtigsten Industriestaaten versammelten, wurde zur Heerschau der Globalisierungsgegner: Mehr als 100 000 zogen durch die Straßen, zwei Tage lang standen Rauchwolken über der Stadt. Ein Demonstrant – der 23-jährige Carlo Giuliani – verblutete, getroffen von zwei Polizeikugeln, als er ein Fahrzeug der Carabinieri attackierte. Hunderte Verletzte, Polizisten wie Demonstranten, zählten die Behörden.

Das Sommerwochenende am Mittelmeer veränderte zwar nicht die Welt, aber die Art, wie in ihr Politik gemacht wird. Der nächste Gipfel findet in einem schwer zugänglichen Kaff in den Rocky Mountains statt. Keine zwei Jahre nach den legendären Protesten gegen die Ministertagung der Welthandelsorganisation WTO in Seattle hat die Bewegung der Globalisierungskritiker einen ersten Erfolg errungen: Die Mächtigen können die Wut gegen die entfesselten Marktkräfte nicht länger ignorieren. Denn es sind nicht nur ein paar tausend gewalttätige Chaoten, die gegen die Glaubensgrundsätze des Freihandels und das ungebremste Spiel der Kräfte aufbegehren.

Die Bewegung, so groß wie es sie seit den Zeiten der Nachrüstung Anfang der achtziger Jahre in Europa nicht gab, hat oft Unrecht, sie diskreditiert sich durch ihr ungeklärtes Verhältnis zur Gewalt. Aber sie stellt die richtige Frage: Was können wir tun gegen Verhältnisse, die für ein Sechstel der Weltbevölkerung Elend bedeutet?

Aus dem Nichts war im Herbst 1999 die neue Spezies aufgetaucht: der „Seattle-Man", wie der US-Ökonom Paul Krugman sie taufte. Ein Multikulti-Völkchen, in dem so ziemlich jede linke Protestbewegung der vergangenen Jahrzehnte weiterlebt. Veteranen des Kampfes gegen die Atomkraft gehören dazu, Nachrüstungsgegner, Gutmenschen mit und ohne Kirchentagshalstuch, dumpfe Autonome und intelligente Weltverbesserer. Ein französischer Schafzüchter, José Bové, gibt den modernen Asterix. Der vermummte mexikanische Subcomandante Marcos den Che Guevara unserer Tage. Am elitären Collège de France in Paris munitioniert der Soziologe Pierre Bourdieu die bunte Truppe mit Argumenten gegen die „darwinistische Welt des Kampfes aller gegen alle".

Immer mehr Menschen wollen nicht hinnehmen, dass ökonomische Entwicklung und Industrialisierung mit Leid und Elend erkauft werden. So wie es Otmar Issing, der Chefvolkswirt der Europäischen Zentralbank, quasi als Naturgesetz verkündet: „Fortschritt ist gerade in der Dritten Welt kaum ohne soziale Verwerfungen zu haben. Aber man stelle sich einmal vor, ein weiter entwickelter Erdteil hätte in der Vergangenheit mit eben-

diesem Argument Europa belehrt – und am Fortschritt gehindert." Die Industriesklaven im Manchester des 19. Jahrhunderts, die schlesischen Textilarbeiter in Gerhart Hauptmanns großem Drama „Die Weber" – sie alle haben nach dieser Logik zum Wohl künftiger Generationen gelitten.

Vielleicht stimmt das sogar. Aber darf die Herrschaft des Marktes das „Ende der Geschichte" sein, das die Sieger des Kalten Krieges etwas voreilig bejubelten? Nein, sagt der „Seattle-Man". Und wendet sich gegen den „Terror der Ökonomie", den die Autorin Viviane Forrester so furios anprangert.

Es stimmt, dass Lust auf Krawall für einen Teil der Aktivisten der Antrieb zum Protest ist. Bei den meisten ist es eher das Gegenteil: die Sehnsucht nach dem, was Linke Solidarität und Christen Nächstenliebe nennen. Ein diffuses Unbehagen am „stark veränderten Betriebsklima unserer Gesellschaft", das der Soziologe Oskar Negt beklagt. Während die Luftverschmutzung die Atmosphäre aufheizt, wird das Klima zwischen den Bewohnern des Raumschiffes Erde kühler.

Die alten ideologischen Gewissheiten gibt es nicht mehr. Ratlosigkeit herrscht auf beiden Seiten. Globalisierungsgegner fordern, dass die Macht der Konzerne beschnitten und der Devisenspekulation ein Riegel vorgeschoben wird. Aber sonst? „Ich habe kein fertiges Modell", sagt selbst der amerikanische Linguist Noam Chomsky, einer der Vordenker der Bewegung. Niemand hat es. Deshalb sind Bové und Marcos so großartige Helden. Sie zeigen die Macht des Protestes und helfen zugleich, die eigene Unsicherheit hinter grandiosen Inszenierungen zu verschleiern.

In den Tagen von Genua, so scheint es, haben die Regierenden verstanden, dass sie den Streit um neue Regeln für die globalisierte Welt nicht den Steinewerfern überlassen dürfen. Ende Oktober bat die EU Ikonen der Globalisierungsgegner wie die Kanadierin Naomi Klein zu einer Konferenz nach Gent. UN-Generalsekretär Kofi Annan fasste in seiner Grußbotschaft das neue Denken zusammen: Die Unzulänglichkeiten des Marktes müssten angegangen werden, ohne die dynamische Kraft zu bremsen, die er im Kampf gegen die Armut entfalten könne.

Massenproteste, wie beim G-8-Gipfel in Genua (links), entfachten eine neue Debatte um Marktwirtschaft und Gerechtigkeit

Euro-Fee Heidi

Was sind denn das für Scheine, Frankyboy? Und wie kommt Heidi Klum in eine alte Filmszene mit Sinatra und Dean Martin? Ganz einfach: Computer-Fotozauberei. Im letzten Jahr der D-Mark inszenierte Max Vadukul für den *stern* eine Bildgeschichte, bei der er die in New York lebende Deutsche in eine Szene aus dem Hollywoodfilm „Verdammt sind sie alle" von 1958 hineinmontierte. Als Spielgeld jubelte er der Runde Euros unter

Tod in Genua

Carlo Giuliani, 23, will beim G-8-Gipfel in Genua einen Feuerlöscher in einen Polizeimannschaftswagen werfen. Er wird von einem 20-jährigen Carabinieri erschossen und anschließend von einem Polizeiauto überrollt. Mitstreiter im Demo-Outfit versuchen zu helfen. Der Tote wurde zum Negativsymbol für den Wirtschaftsgipfel der Großen, die auf einem sicheren Schiff tagten, während die Stadt einer Festung glich. Bei Polizeieinsätzen wurden zahlreiche Jugendliche schwer misshandelt, was zu internationalen Protesten gegen die Regierung Berlusconi führte

Schock in Stockholm

Helfer des Rotes Kreuzes, Demonstranten und Polizisten kümmern sich um einen Verletzten in der schwedischen Stadt Göteborg, wo es beim EU-Gipfel am 15. Juni zu schweren Krawallen kam. Der Zorn Tausender, die sich aus vielen Ländern eingefunden hatten, richtete sich gegen die Globalisierung und den als Gast angereisten US-Präsidenten George W. Bush. Barrikaden brannten, aus den Reihen der Uniformierten fielen Schüsse, auf beiden Seiten gab es Dutzende von Verletzten. Bundesaußenminister Joschka Fischer äußerte „Entsetzen über den Vandalismus und die sinnlose Gewalt"

POLIS

Leute Heiße Luft und falsche Tränen

Von Jochen Siemens

Es war eine der mattesten Diskussionen, die da im Herbst 2001 ein paar Tage durch die Zeitschriften schwappte und Schlagzeilen machte: Waren die Tränen, die Verona Feldbusch in der Johannes-B.-Kerner-Show vergoss und mit denen sie das Geständnis, ihr Ex-Mann Dieter Bohlen habe sie vor Jahren geschlagen, unterspülte – waren diese Tränen wirklich echt? „Bild“ meinte ja oder auch nein und wusste es in Wirklichkeit auch nicht. Dabei war es in Wahrheit völlig egal, ob echt geweint oder showgeheult: Dünnsinnige Prominenz wie Frau Feldbusch musste schon sehr viel heiße Luft produzieren, um auf dem tobenden Markt des Geredes den Kurs zu stützen. Denn wo viel geredet wird, wo viel geblitzt und viel gesehen wird, dünnt die Ware Klatsch besonders dann schnell aus, wenn die Darsteller in Wahrheit nichts zu berichten haben. Also gingen viele an die stillen Reserven, die letzten Ersparnisse des Ichs sozusagen, und stellten Intimes ins Licht. Veronas Prügeltränen, Jenny Elvers' Kind und Körper, Naddels Busengewicht, Klausjürgen Wussows Sex-Malereien, der samenberaubte Boris Becker, die eheberaubte Sabine Christiansen, der verstandberaubte Harald Juhnke – Schnitzlers „Reigen“ für Menschenfresser sozusagen.

Und natürlich war es wieder die „Bild“-Zeitung, die dem Personal des Jahres ein sinnleeres Wort verpasste: Luder, was gleichzeitig wohl Klage und Hoffnung ausdrücken sollte. Klage über die Verrohung der Sitten, darüber, dass nun ungebildete, großbusige Blondinen wie Jenny Elvers oder Ariane Sommer wie selbstverständlich zum Personal gehobener Kreise zählten, und Hoffnung, dass diese Luder die Sitten noch mehr verrohen würden, damit „Bild“ viel schreiben, „Blitz“ viel senden und das Perpetuum mobile nichtiger Nachrichten Auflage und Quote erhöhen möge. Mit beneidendswerter Unbefangenheit sonnten sich die einschlägigen Blondinen im Licht, ein Luder zu sein, und Jenny Elvers nahm sogar krähend für sich in Anspruch, die „Queen Mum“ ebenjener Luder zu sein. Beeindruckend war, bei allen Beteiligten zu beobachten, wie bereitwillig sie sich erniedrigten, um vermeintlich halb nach oben zu kommen. Seit sich im Geredegeschäft verbreitet hat, dass es reiche, einmal mit Dieter Bohlen im Bett der Gerüchte gewesen zu sein, um als Teppich- oder Theken- oder Was-auch-immer-Luder im TV gehandelt zu werden, reißt die Warteschlange großer Oberweiten jedenfalls nicht mehr ab. Wie schnell verderblich die blonde Ware allerdings sein konnte, spürte im Herbst dann Thomas Gottschalk, der sich, seltsam instinktunsicher, zwei der Damen aufs „Wetten dass ...?“-Sofa pflanzte und dafür ungewöhnlich heftige Kritik einstecken musste.

Auf dem Parkett der Klatsch-Welt glitt auch noch ein anderer Unerfahrener aus: Rudolf Scharping, der sich im Sommer ungelenk turtelnd und im Pool plantschend mit seiner neuen Flamme Gräfin Pilati fotografieren ließ und das Bekenntnis, wieder verliebt zu sein, für eine relevante Nachricht hielt. Die anschließende Affäre um die Nutzung der Flugbereitschaft für einen Abstecher auf die Ferieninsel Mallorca (wo die adelige Braut noch weilte) hätte den Tollpatsch beinahe den Ministerposten gekostet. Aber wie gesagt, wer ins Gerede kommen wollte, musste schon unerhört tief in der eigenen Seele baggern. Reichte es früher, öffentlich ein neues Auto zu besteigen, muss es heute schon mindestens eine neue Frau sein. Oder ein neues Leben, wie es der landauf und landab mitteilende Boris Becker mit großen Worten versuchte, so als ob sein Seelenleben einziger Inhalt seiner Geschäfte sei. Die krachende Scheidung von seiner Frau Barbara glättete sich im Lauf des Jahres zu versöhnlichen „Wir sind immer noch Freunde"- und „Wir sind glücklich geschieden"-Botschaften, unterbrochen allerdings von merkwürdigen „Ich bin wieder auf dem Boden"-Bekenntnissen.

Ins Bodenlose stürzte dagegen Anfang September Sabine Christiansen, als sie auf dem Computer ihres Mannes gurrende Liebespost ihrer Freundin Ulla Kock am Brink fand, die in aller Heimlichkeit Christiansens Gatten küsste. Für „Bild" wäre es vermutlich die Affäre des Jahres geworden – wenn nicht der 11. September alles verdrängt hätte. Doch Sabine Christiansen, unfreiwillig in die Gesellschaft der heißen Lüfte gezerrt, entzog sich jeder Schlammschlacht mit eisigem Schweigen; Ulla Kock am Brink meldete sich nach einer kleinen Schonzeit mit „Ich konnte nicht anders"-Geplapper zurück. Doch dass man sich von Schlagzeilen und TV-Tränen nichts kaufen kann, musste im Dezember schließlich auch Verona Feldbusch lernen, die kleinlaut jene Solo-Sendung einstellt, für die sie zu Werbezwecken die öffentlichen Tränen vergoss, weil... tja, schon vergessen.

In der Show von Johannes B. Kerner entpuppte sich Verona Feldbusch als Heulsuse und machte damit Schlagzeilen

Pech und Triumph

Sie waren das Hollywood-Traumpaar: Tom Cruise und Nicole Kidman. Er verließ sie – nach zehn Jahren Ehe. Die Schöne schien am Boden zerstört. Doch schon nach dem Scheidungsurteil war sie wieder obenauf: „Wow!“, rief sie öffentlich aus. Kein Wunder bei dem gemeinsamen Vermögen von 350 Millionen Dollar, das sie sich mit Ex-Ehemann Cruise (unten) teilen darf. Mit Filmrollen hatte sie weit mehr Glück als er. In „Moulin Rouge“, wo sie eine Edelnutte spielt und auch ganz nett singt, wirkte sie befreit und kokett wie nie

Dieter und die Frauen

Ein blonder Musikant fungiert als Durchlauferhitzer für die Karrieren brünetter Möchtegern-Starlets – nach diesem Schema läuft Deutschlands erfolgreichste Reality Soap nun schon seit fünf Jahren. Erst trennte sich Verona Feldbusch (r.) mit viel Trara von „Modern Talking"-Macher Dieter Bohlen. Danach trennte sich Bohlen immer mal wieder von seiner langjährigen Freundin Nadja „Naddel" Abd El Farrag (M.) – zuletzt für Estefania (l., mit Bohlen). Die Halb-Brasilianerin, die eigentlich nichts als „die Frau an seiner Seite" sein wollte, zog sich nach acht Monaten Zusammensein mit Bohlen für ein Nacktmagazin aus. Derweil turtelte Naddel ganz kurz, aber sehr medienwirksam mit Musikproduzent Ralph Siegel. Und Verona? Sie erlangte den Titel „Königin der Heulsusen", weil sie im Fernsehen unter Tränen Geschichten vom bösen Bohlen preisgab. Fortsetzung folgt – garantiert

Zwei Hochzeiten und ein Ehebruch

Die eiserne Fernseh-Lady Sabine Christiansen (o., 3. v. l.) musste außerhalb ihrer Talkrunde ganz schön was einstecken. Ihre enge Freundin, TV-Moderatorin Ulla Kock am Brink (o. l., mit Ex-Lebensgefährten Alfred Bremm) spannte ihr den Mann aus: Theo Baltz (o. r.) verließ Sabine Christiansen nach sieben Jahren Ehe. Heiner Lauterbach und Ex-Playmate Viktoria Skaf (l.) machten bei ihrer Hochzeitsparty mehr als ein Fass auf: Der Schauspieler feierte seine 19 Jahre jüngere Eroberung in München mit 380 Gästen, für deren Wohl 28 Köche sorgten. Eine Märchenhochzeit gab es in Norwegen (rechte Seite): Kronprinz Haakon heiratete Mette-Marit, eine Bürgerliche mit wilder Vergangenheit und alleinerziehende Mutter eines Kindes. Die Königsfamilie und ganz Norwegen schlossen Mette ins Herz

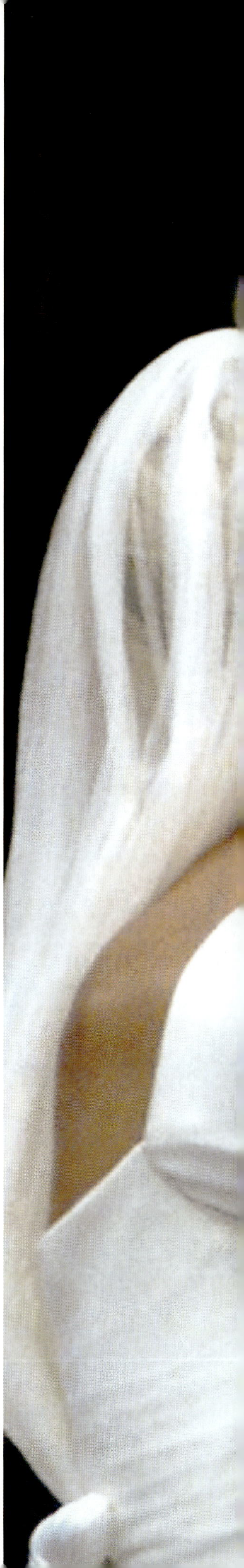

Nicht von schlechten Eltern

Vater Donald Trump ist ein steinreicher Immobilienhai mit Hang zum Vulgären, Mutter Ivana eine stets bis über die Grenzen der Geschmacklosigkeit hinaus aufgetakelte Society-Dame, die für Töchterchen Ivanka nur eine Karriere angemessen fand: Model. Doch die Kleine glänzte nur eine Saison – trotz Daddys Millionen, Mamis Ambitionen und geradem Wuchs. Die Modewelt hat sich endgültig von den Supermodels verabschiedet. Der Laufsteg produziert keine Stars mehr. Halb so schlimm für Ivanka. Ihr bleiben immer noch Daddys Millionen

Umwelt Klasse statt Masse – die Agrarwende

Von Horst Güntheroth

Der Wahnsinn wütet in deutschen Ställen. Woche für Woche diagnostizieren Veterinäre „Bovine spongiforme Enzephalopathie" (BSE) bei geschlachteten Rindern – in einem Land, das vor kurzem noch als vollkommen frei von der gefährlichen Infektionskrankheit galt. Sieben Fälle sind es zu Beginn, 125 im Dezember des Jahres. BSE ist so alltäglich geworden, dass neue Ansteckungen keine Meldung mehr wert sind. Und noch lange ist kein Ende des fürchterlichen Wahns in Sicht. Offenbar hat Kadavermehl, das die Bauern an ihre Tiere verfütterten, die Krankheit ins Land geholt.

Der GAU der industrialisierten Landwirtschaft bringt das Berliner Bundeskabinett an den Rand einer Regierungskrise und kostet im Januar Karl-Heinz Funke (SPD) den Job. Zu lange hatte der Landwirtschaftsminister geklüngelt und geschwiegen, vertuscht und verharmlost; dann jagt ihn Bundeskanzler Gerhard Schröder aus dem Amt. Denn die Angst grassiert vor dem Verzehr von Rindfleisch und anderen Nahrungsmitteln, die deutsche Bauern in ihren Agrarfabriken als Massenware produzieren. Bilder aus Hühnerfabriken, Putenmästereien, Schweineschwemmen und Tiermehlküchen flimmern über die Fernsehschirme und schocken die Zuschauer. In den Kühltheken bleiben Rouladen und Steaks, Schnitzel und Würste liegen; Bauern und Metzger bangen um ihre Existenz. Noch wissen Mediziner nicht, ob sich ein Deutscher mit der schrecklichen Krankheit infiziert hat.

Unter dem immensen öffentlichen Druck muss Schröder handeln. Am 12. Januar wird Renate Künast (Grüne) Nachfolgerin von Funke und das Amt umbenannt in „Ministerium für Verbraucherschutz, Ernährung und Landwirtschaft". Die streitbare Juristin, erste Frau auf diesem Posten, soll die Krise meistern, den Verbrauchern Sicherheit geben und dafür sorgen, dass der Bürger wieder unbesorgt essen kann, was aus deutschen Landen auf den Tisch kommt. Künast rechnet mit dem alten System ab und verkündet die radikale Agrarwende. Sie verspricht, die Landwirtschaft auf tier- , umwelt- und menschenfreundliche Produktion umzustellen. Ihr Ziel: „Klasse statt Masse". Bis zum Jahr 2010 sollen 20 Prozent aller von deutschen Bauern gelieferten Waren, ob Fleisch oder Getreide, Obst oder Gemüse, aus ökologischem Anbau stammen.

Die Landwirte und ihre Funktionäre jaulen auf. So klagt Bauernverbandspräsident Gerd Sonnleitner: „Der Staat darf uns nicht im Regen stehen lassen", und beteuert, „wir Bauern sind Opfer und nicht Täter". Außerdem sei das Programm der Ministerin sowie-

Visite im Hühnerstall: Renate Künast lässt sich die Bodenhaltung des Federviehs erklären

so ein alter Hut. „Ich kann hier keinen neuen Ansatz erkennen“, säuselt der Funktionär, „wir haben immer unsere Verantwortung für Umwelt und Verbraucher gesehen, inhaltlich gibt es überhaupt keinen Gegensatz zu den Plänen von Frau Künast.“ Doch kaum ist die erste Druckwelle abgeebbt, schlägt der Mann ganz andere Töne an. Mit der Agrarwende, so Sonnleitner, sei es wie mit dem Krokodil im Rhein, das im Sommer durch die Presse geisterte; es mache dauernd Schlagzeilen, aber keiner habe es je gesehen.

Tatsächlich stellt sich das ehrgeizige Projekt, das sich die streitbare Künast vorgenommen hat, als äußerst schwierige Aufgabe heraus. Sie muss ein hochkomplexes Gebilde umbauen; aus übermächtigem Klüngel der Bauernfunktionäre; aus falscher Förderungspolitik auf Bundes- und EU-Ebene, die eine Industrialisierung landwirtschaftlicher Betriebe regelrecht anheizt; und aus den absurden Erwartungen der Verbraucher, die für Ernährung so gut wie nichts ausgeben wollen. Obendrein knausert der Finanzminister und macht keine zusätzlichen Gelder für die Agrarwende locker. „Frau Künast muss ihren Bedarf durch Umschichtung im eigenen Etat lösen“, wettert Hans Eichel das Begehren seiner Kollegin ab. Auch die Bundesländer wollen sich an den Kosten nicht beteiligen.

Dennoch bringt die Verbraucherschutzministerin erste Reformen auf den Weg. Etwa das „Bio-Siegel“, ein Lebensmittel-Zertifikat, das einen Standard für die ökologische Erzeugung der Ware setzt. Im Herbst wird es von ihr vorgestellt, nun soll es mit großen Informationskampagnen der Bevölkerung nahe gebracht werden. Oder die „Legehennenverordnung“. Am 19. Oktober stimmt der Bundesrat dieser Neuregelung der Haltung von Hühnern zu. Ab 2007 ist dann endlich Schluss mit der Eierproduktion in großen Käfigbatterien.

Die Ökoverbände mosern, dass alles viel zu langsam gehe. Doch Künast hält dagegen, es lasse sich nicht von heute auf morgen revolutionieren, was über Jahrzehnte in seinen Strukturen eingerostet ist. So etwas brauche Zeit. „Wir sind an allen Dingen dran“, versichert die Ministerin.

Sie sind wieder da

In die deutschen Flüsse kehrt das Leben zurück. Milliarden kostete die Sanierung der einstigen Kloaken im Land. Nun tummeln sich selbst Edelfische wieder in den Fluten. Diese kapitale Meerforelle holte der Angler Frédéric Schaeffer bei Iffezheim für den Fotografen aus dem Rhein. Gefangen wurde das Tier in der Reuse der Fischtreppe. Für 17 Millionen Mark wurde beim dortigen Stauwehr und Wasserkraftwerk eine Umgehung für Fische gebaut – so können die Tiere wieder ein Stück rheinaufwärts kommen und die Laichgewässer in den Nebenflüssen erreichen. Solche Aufstiegshilfen sollen neben der verbesserten Wasserqualität helfen, vor allem den Lachs in Deutschland wieder heimisch zu machen

Scandlines

Windpark im Wasser

Schreddern sie mit ihren Flügeln die Vögel und traumatisieren mit ihrem Lärm die Robben? Oder rotieren sie für ein neues Energiezeitalter? Greenpeace sagt: 55 Prozent seines Stromverbrauchs könne Deutschland aus Offshore-Windparks gewinnen. So was hat viele Unternehmen elektrisiert: Sie suchen nach Claims mit bester Brise vor Ost- und Nordseeküsten, um dort in naher Zukunft auch Riesenpropeller mit fünf Megawatt Leistung aufzustellen und nicht nur Kleinflügler wie hier vor Dänemark

Katzenjammer

Sie werden brutal in engen Eisenkäfigen zusammengepfercht, können sich nicht bewegen, bekommen kaum Luft, und ihr Fell ist verdreckt von Kot und Urin. Auf einem Tiermarkt in Südchina bietet ein Händler Kätzchen zum Verkauf an. Umgerechnet 3,20 Mark will er für das Pfund haben. Sackweise werden die Tierbabys von Gastwirten eingekauft.
Im Restaurant wird dann der Verzehr der beliebten Delikatesse zelebriert.
Der Gast kann sich sein Tier selbst aussuchen. Vor seinen Augen wird der kleinen Katze die Kehle durchtrennt und das Fell abgezogen. Anschließend wird das Tier in kochendes Wasser getaucht, dann knusprig gebraten. „Katzenfleisch wärmt von innen, was soll falsch daran sein?", rechtfertigt ein Restaurantbesitzer aus der südchinesischen Provinzhauptstadt Kanton die grausame Prozedur. Proteste von Tierschutzorganisationen lassen die Chinesen kalt, sie wollen sich ihre Essensgelüste nicht vorschreiben lassen

Kohle ohne Ende

Ein Güterzug, beladen mit schwarzer Heizkraft, windet sich durch die hügeligen Weiten des US-Bundesstaates Wyoming, des größten Schürfgebiets des Landes. Verheizte Kohle, verfeuertes Erdöl oder Erdgas – die Vereinigten Staaten gehen noch immer volle Pulle an die Energieressourcen, die sich eines Tages erschöpfen werden. Und sie blockieren fast jede Maßnahme, die zum Schutz des Klimas vorsieht, weniger fossilen Brennstoff in die Luft zu pusten

Abgemurkst und weggeworfen

Noch machte die Angst vor dem grassierenden Rinderwahnsinn die Europäer verrückt, da brach im Frühjahr die Maul- und Klauenseuche (MKS) aus. Erst in Großbritannien, dann in Irland, in Frankreich und in den Niederlanden. Millionen Tiere wurden getötet, in Massengräbern verbrannt oder zum Abdecker gekarrt. Auch den Deutschen drohte wochenlang die Katastrophe, ausgelöst durch einen kleinen Virus. Sie blieb aus. Seit September gelten unsere Anrainer und Irland ebenfalls wieder als MKS-frei. In Großbritannien allerdings herrschte weiter Alarm

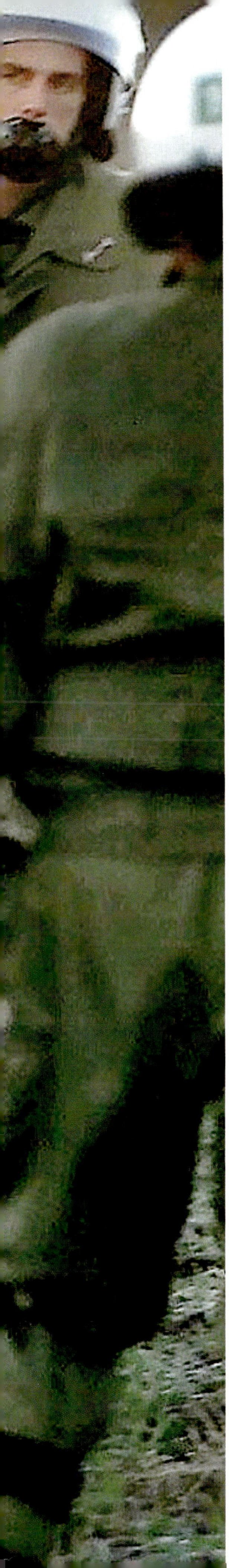

Zoff um den Zug

Wenn die Castoren kommen, gibt es im niedersächsischen Wendland regelmäßig Krawall. Transporte mit radioaktivem Müll zum Zwischenlager Gorleben mobilisieren Atomkraftgegner, und die wiederum zwingen die Polizei zum massenhaften Ausrücken aus den Kasernen. Im März war bei Wendisch Evern ein Demonstrant auf den Containerzug geklettert, hatte einen Sieg signalisiert, bei dem es nichts zu gewinnen gibt. Neue Fracht kam Mitte November. Bei einer Demonstration in Splietau biss ein Polizeihund zu – und der Konflikt erhielt neuen Zündstoff

Kultur Schröders Waschmaschine

Von Anja Lösel

Eine Liebesgeschichte ist es nicht geworden, aber eine Vernunftehe. Immerhin. Die halten ja oft länger als die stürmischen Affären. Ein halbes Jahr nach dem Umzug ins neue Bundeskanzleramt hat Gerhard Schröder sich arrangiert mit seinem neuen Dienstgebäude.

Wie hatte er sich noch im Sommer beschwert über das allzu repräsentative Haus. Ein Koloss sei es. Viel zu groß und wuchtig. Ein Hochsicherheitstrakt. Abweisend und beängstigend. Eine Machtdemonstration, unangemessen und undemokratisch. Wie hatte er Witze gemacht über die majestätische Architektur, die offenbar für einen Mann mit üppigeren Körpermaßen geplant war: seinen Vorgänger Helmut Kohl.

Die Architekten Axel Schultes und Charlotte Frank mussten sich beschimpfen und schmähen lassen, nicht nur vom Kanzler, sondern auch von seiner Frau Doris, die sich gegen das vorgesehene Farbkonzept durchsetzte mit ihrer Vorliebe für cremefarbene Stoffe.

Vielleicht hatte der Kanzler auch ein wenig Angst, dass das Gebäude ihn verändern könnte. Dass er dort oben im siebten Stock, in seinem schicken Arbeitszimmer mit Blick auf den Reichstag, nichts mehr mitbekommen würde von den ganz normalen Menschen unten auf der Straße. Dass vielleicht sogar sein Regierungsstil ein anderer werden könnte in diesem Haus, das vor allem auf Repräsentation angelegt ist. Etwas Bescheideneres wäre ihm lieber gewesen. Aber das neue Kanzleramt war schon im Bau, da war nichts mehr rückgängig zu machen.

Nun muss Schröder leben mit dem Ding. Protzig findet er es immer noch. Und unpraktisch mit seinen übereinander gestaffelten Büros, die eine unnötige Hierarchie schaffen. Aber er hat dem Haus seinen eigenen Stil aufgedrängt. Ließ im Foyer eine große Bronze-Skulptur seines Lieblingskünstlers Markus Lüpertz aufstellen: nackt, üppig, bunt, provozierend. Die empfängt nun jeden Besucher des Kanzleramtes: eine kleine Revanche und ein großes Vergnügen für Schröder. Als würde er sagen wollen: Seht her! Ich musste zwar die Architektur hinnehmen, die mein Vorgänger ausgesucht hat. Aber die Kunst, die ist mein Ding. Sie ist das Kuckucksei, das er den Architekten in ihr elegantes Nest gelegt hat.

Die Berliner nahmen das Geschimpfe über das Kanzleramt nie so richtig ernst. Schnell hatten sie einen flapsigen Spitznamen für den Bau parat: „Waschmaschine" – wegen der riesigen, runden Maueröffnungen. Sie mögen das Ding inzwischen genauso gern wie die „Schwangere Auster" in der Nachbarschaft. Umrunden es im Sommer mit dem Fahrrad, schippern auf der Spree mit

Umstritten: die beiden Kanzleramts-Architekten Axel Schultes und Charlotte Frank

dem Boot dran vorbei. Und drücken sich die Nase am allzu hohen Zaun platt, um vielleicht mit einem Blick den Kanzler zu erhaschen, wie er von seinem Büro aus in Richtung Reichstag und Brandenburger Tor schaut oder unter dem geschwungenen Vordach einen seiner Staatsgäste empfängt. Die Berliner Architekten Axel Schultes und Charlotte Frank haben einen Gebäudetyp erfunden, den es so noch nie gab: die erste Machtzentrale eines europäischen Staatsoberhauptes, die für die Welt der Medien gebaut wurde, für das 21. Jahrhundert – eine fernsehgerechte und hochmoderne Polit-Bühne für 465 Millionen Mark. So reden denn auch die beiden Architekten am liebsten von der Außenwirkung ihres Hauses – als ob das Regieren aus Galadiners und Empfängen bestünde und aus unterhaltsamen Abenden, bei denen der Kanzler mit dem Cognacschwenker in der Hand seine Gäste durch das Haus führt. Dabei sitzt der viel öfter an seinem großen, dunkelblau lackierten Chef-Schreibtisch und grübelt, telefoniert und verhandelt. Aber manchmal kann inzwischen sogar Gerhard Schröder das neue Haus und seine grandiose Aussicht ein wenig genießen.

Mittlerweile ist auch das Paul-Löbe-Haus für die Abgeordneten fertig, ein eleganter Glasbau des Architekten Stephan Braunfels, der die Proportionen des Kanzleramtes aufnimmt und widerspiegelt. Wenn jetzt auch noch die Lieblingsidee der Architekten verwirklicht würde, dann hätte Berlin ein richtig schönes, vorzeigbares Regierungsquartier. Zwischen Kanzleramt und Abgeordnetenhaus würden Axel Schultes und Charlotte Frank gern eine Art italienischer Piazza installieren: mit Restaurants, Cafés, Läden. Einen Ort, der Menschen anziehen und zum Verweilen einladen soll. „Hier", so Schultes, „könnten die Bürger am Kaffeehaustisch ihren Cappuccino trinken und den Gästen des Kanzlers bei der Auffahrt zugucken." Und vielleicht würde Schröder hier auch mal einen Espresso nehmen, um dem Volk aufs Maul zu schauen, ganz demokratisch. Das wär doch was.

Lächeln vor großer Kulisse

Alle lieben das Kanzleramt – nur der Kanzler nicht. Neben dem Reichstag und dem Brandenburger Tor ist das extravagante Gebäude der Architekten Axel Schultes und Charlotte Frank inzwischen zum beliebtesten Foto-Objekt Berlins avanciert. Die Säulen, auf denen Bäume wachsen, gefallen den meisten Bürgern sogar ausnehmend gut. Und dass der ganze Bau allzu massiv und wenig bescheiden ausgefallen ist, stört nur wenige

Spiel mit dem Feuer

Es knallt, raucht und brennt – hier wird Theater gespielt. „Insect" heißt das Stück, in dessen Mittelpunkt eine 15 Meter lange, 2,5 Tonnen schwere Insektenkönigin steht. Aufgeführt wird das Spektakel vom „Theater Titanick". Fünf Enthusiasten aus Münster und Leipzig hatten die Truppe 1990 gegründet. Inzwischen ist sie auf 18 Schauspieler und Techniker angewachsen und zum erfolgreichsten deutschen Open-Air-Theater geworden. Ungefährlich sind die lichterlohen Aufführungen der Titanicker nicht – einmal ging die Königin in Flammen auf. Ein Effekt zündete zur falschen Zeit, die Hauptdarstellerin Clair Howells erlitt schwere Verbrennungen

Kunstwerk des Erinnerns

Rund 350 000 Menschen besuchten das Jüdische Museum in Berlin – als es noch leer war und wie ein silberner Blitz in den Stadtkörper hineinragte. Der eigenwillige, symbolkräftige Bau von Daniel Libeskind hat einen aufgefalteten Davidstern als formales Vorbild. Mit einer Fülle von architektonischen Brechungen und Irritationen sowie zahlreichen unbegehbaren Leerräumen will der Baumeister das eigentlich Undarstellbare des Holocausts vermitteln. Seit der Neueröffnung mit Gala am 9. September sind in dem Museum fast 4000 Ausstellungsstücke des Erinnerns und der Mahnung zu besichtigen. Ein in Europa einzigartiges Panoroma jüdischer Kultur und jüdischen Schicksals

Magier, Monster, Märchenwesen

Jede Menge Finsterlinge tummeln sich im Fantasy-Film „Herr der Ringe" nach John R. R. Tolkiens berühmtem Buch. Hier sind allerdings hauptsächlich die Guten versammelt: Zauberer Gandalf mit dem Silberhaar (Ian McKellen, l. o.) hilft den kleinen Hobbits bei ihrem Kampf gegen das Böse. Auch die schöne und tapfere Arwen (Liv Tyler, M.), Tochter eines Elbenherrschers, steht den Hobbits bei. Der dicke Gimli (John Rhys-Davies, rechte Seite), ein bierseliger Krieger, führt die Hobbit-Freundesschar durchs Zwergenreich. Und der magische Ring, um den sich alles dreht? Eine knifflige Geschichte, aber wichtig ist: Er muss zerstört werden, damit die bösen Mächte ihn nicht für sich nutzen.
Wie die Saga weitergeht und endet, erfahren Kinobesucher in einem späteren zweiten und dritten Teil des Filmepos von Krieg und Frieden im Land Mittelerde

Dufte Kunst in Säcken

Betörende Wohlgerüche wehten durch die jahrhundertealten Werfthallen an der Lagune: Nelken, Curry, Pfeffer. Auf der Biennale von Venedig hatte der brasilianische Künstler Ernesto Neto Leinenbeutel unter die Decke gehängt und mit Gewürzen gefüllt: zum Schnuppern, Genießen, Entspannen. Erschöpfte Besucher sollten sich hier einer „Sinnesmeditation" hingeben, um erfrischt und gestärkt den Rest der Mammutschau betrachten zu können. Aber auch sonst war die Biennale 2001 so anregend wie schon lange nicht mehr: Der Schweizer Ausstellungsmacher Harald Szeemann hatte ihr eine Frischzellenkur verpasst. Einziger Nachteil: Es gab viel zu viel zu sehen

Gut getanzt, Löwe

Ein Comic auf der Bühne ist das derzeit erfolgreichste Musical der Welt. 1997 startete „Der König der Löwen" – dem gleichnamigen Disney-Erfolgsfilm nachempfunden – am Broadway. Dort brachte er es auf rund drei Millionen Zuschauer. Seit Dezember ist das Spektakel auch in Hamburg zu sehen. 30 Millionen Mark mussten die deutschen Produzenten investieren. Trotz der hierzulande herrschenden Musical-Flaute sind sie sicher: Die rührende Geschichte vom Löwen Simba, der als Kind verbannt wird und als Erwachsener sein Reich zurückerobert, wird das Geld wieder einspielen

Göttin auf Besuch

Als was wird sie diesmal auftreten? Madonnas Rollenspiele sind legendär – und gehören zum Image des neben Michael Jackson schillerndsten Popstars. Mal im Schottenrock, mal als Geisha und immer wieder als Cowgirl mit Hut und Stiefeln zeigte die 43-Jährige bei ihrer Europatournee, wie viel Power sie noch hat. In Berlin gab sie vier Konzerte. Die Karte kostete 250 Mark, viele Songs kamen über Playback, und nach 90 Minuten verschwand das Idol

Nippons Kinder der Krise

Alte Tugenden und Traditionen interessieren Japans Jugend nicht mehr – die große Masse will nur eines: Spaß. Sie färbt das schwarze Haar rot und blond, zieht sich schrill an und macht Party bis zur Erschöpfung. Auch ein Weg, um die Dauerkrise im Land zu vergessen. Früher war ein lebenslang sicherer Arbeitsplatz selbstverständlich, heute ist bereits jeder zehnte Japaner zwischen 19 und 30 Jahren Teilzeit-Jobber. Konsum und Techno-Ekstase sorgen für neue Abwechslung

reich

Deutschland fragt sich: „Wer wird Millionär?" Die Quiz-Show von Günther Jauch, Lieblingsmoderator der ganzen Familie, erobert die TV-Nation. Wissen macht sich bezahlt. Bis zu 15 Fragen stellt Jauch seinen Kandidaten, am Ende winkt eine Million Mark. Zwei schafften bisher das Finale, ein oberschlauer Professor und eine voll auf Risiko ratende Hausfrau. Dreimal die Woche strahlt RTL die Sendung aus und macht Quote, Quote, Quote. Andere Sender stampften eilig ähnliche Rate-Shows aus dem Boden, doch an Reiz und Erfolg des Vorbilds kommt keine heran

Witze aus dem Tipi

Er wollte nicht viel, das aber ganz, und er packte es: Michael Herbig alias „Bully" schuf mit „Der Schuh des Manitu" Klamauk pur – und den erfolgreichsten deutschen Film seit Jahrzehnten. Mehr als zehn Millionen Zuschauer sahen die Klamotte um den Indianerhäuptling Abahachi, der eine Kneipe kauft, damit sein Stamm endlich auch ein Stamm-Lokal hat

Kleiner Mann – ganz groß

Ein Waisenjunge, der im Haus seines Onkels unter der Treppe wohnen muss – Harry Potter, gespielt von Daniel Radcliffe in der Verfilmung des Buch-Megasellers von J. K. Rowling. Die Verfilmung des ersten Bandes „Harry Potter und der Stein der Weisen" hat rund 300 Millionen Mark gekostet. Bei dieser Produktion war nichts so wichtig, wie den richtigen Hauptdarsteller zu finden – und nichts so riskant. Denn mehr als 100 Millionen Potter-Bücher wurden rund um die Welt verkauft – und jeder Leser sieht einen anderen Harry vor sich. 40 000 Kinder sollen Regisseur Chris Columbus und seine Mitarbeiter sich angeschaut oder zum Vorsprechen gebeten haben, bis die Wahl auf den zwölfjährigen Radcliffe fiel, der davor schon im englischen Fernsehen eine große Kinderrolle gespielt hatte

Mode-Manie

Ein bisschen Sado-Maso war Modemachern nie fremd. Aber bei den Pariser Prêt-à-porter-Schauen im Oktober fragten sich doch viele Zuschauer, was ihnen Vivienne Westwood, die große alte Dame der Provokation, und Enfant terrible Alexander McQueen wohl sagen wollten mit ihren bizarren Kreationen. Waren die monströs Maskierte und die von Speeren Durchbohrte gar Reaktionen auf die gewaltgeladene Weltlage? Abwegige Assoziationen? Vielleicht kam bei den aus London stammenden Kleiderkünstlern einfach wieder mal nur die englische Freude am Makabren zum Ausdruck

Tetsche malt in Mode

TETSCHE UND LONNIE:
In einer Mode-Strecke, die Karikaturist Tetsche für den *stern* zeichnete, porträtierte er sich selbst – als bärtiger Outdoor-Typ mit Jacke von Fjällräven und Tretern von Camper. An seiner Seite hockt Lonnie, der Hund. Spiegelei und Lokus-Pümpel gehören traditionell zum Tetsche-Inventar

ROSTROPOWITSCH VAN OYTEN UND MALER:
Der russisch angehauchte Verwandte Kuhno van Oytens präsentiert sich in Gucci, der Maler trägt Birkenstockschuhe

NAOMI VAN OYTEN, LILLI VAN OYTEN UND PINGUIN: Hochelegant kommen die Strandschönheiten in Sommerfummeln von Emilio Pucci und Yves Saint Laurent des Weges, während der freche Kleine in einer Trainingshose von Adidas und mit Camel-Käppi Maulaffen feilhält

Wenn es Nacht wird in Rio

Alle Mode ist Verkleidung, und im Karneval der brasilianischen Metropole ist Verkleidung alles. Vom Kettenhemd bis zum tief ausgeschnittenen Glitzerkleid, Hauptsache: Aufsehen erregen. Top-Fotograf Michel Comte entdeckte in der Clubszene Models, für die Mode ohnehin Nebensache ist – ihnen geht es vor allem darum, das Plastikbändchen am Handgelenk zu haben: Es bedeutet Zutritt zum begehrtesten Bereich einer jeden Party – der VIP-Area

Hollywoods neue Helden

Er ist gallegrün, kahl wie Kojak, pupst laut und formt Kerzen aus seinem Ohrenschmalz – der heiß geliebte „Shrek". Drei Jahre lang werkelten die Trick-Spezialisten von DreamWorks an der Animation ihres digitalen Hauptdarstellers und seiner virtuellen Zeitgenossen. Und schossen bisweilen übers Ziel hinaus: Die hübsche Prinzessin, die Shrek am Ende kriegt, geriet den Film-Computerfreaks so echt, dass sie beinahe nicht mehr zur Fantasiewelt rundherum passte. Überhaupt vermischen sich in Hollywood real und digital mehr und mehr. So wurde aus der Schauspielerin Angelina Jolie in „Tomb Raider" ein Figur aus einem Computerspiel, während die computergenerierte Kunstfigur Aki Ross in „Final Fantasy" eine Schauspielerin aus Fleisch und Blut ersetzte

Wissenschaft Kampf ums Klonen

Von Frank Ochmann

Heil, Horror oder Humbug? Der Traum oder Albtraum vom Menschen aus dem genetischen Kopierer führte im Jahr 2001 zu so hitzigen Debatten wie kein anderes wissenschaftliches Thema. Zwar lachte noch kein brabbelnder Baby-Klon in die Kameras von CNN. Doch der Wettlauf um das erste im Labor geschaffene Double eines Menschen ist wohl nicht mehr zu stoppen. Wie die oft missgebildeten oder gar nicht lebensfähigen Rinder, Schafe und Ziegen zeigen, die seit dem ersten Klon-Lamm vaterlos gezeugt wurden, ist der Weg zum „Homo Dolly" steinig. Einige Experten halten ihn sogar für eine Sackgasse. Doch die ersten Schritte sind getan. Der Papst in Rom war entsetzt, sein selbst ernannter Amtskollege Rael aus Montreal, Oberhaupt einer Ufo-Sekte, nur amüsiert. Kaum war Ende November bekannt geworden, dass US-Forscher erstmals einen menschlichen Embryo bis zum Sechszellstadium geklont haben – nur für die Forschung, wie sie einschränkten –, traf sie der Bannstrahl vom Petersplatz. Sekten-Papst Rael dagegen erklärte die Amerikaner lächelnd zu zweiten Siegern: Seine Wissenschaftler seien schneller gewesen und auch schon weiter. Das allerdings konnten nun die Babymacher Panos Zavos und Severino Antinori nicht hinnehmen und kündigten an, bald werde ein von ihrem italo-amerikanischen Team geschaffenes Klon-Kind die Augen der glücklichen Eltern – oder was immer die biologisch beteiligten Menschen auch wären – leuchten lassen. Mögen Missgeburten und Höllenfeuer drohen: Für anders nicht erfüllbare Kinderwünsche oder gar die genetische Wiedergeburt lieber Verstorbener verspricht Klonen einen lukrativen Markt – und das allein zählt, auch wenn es keiner der Petrischalen-Hasardeure zugibt.

Zu besonders hartnäckigen Feinden haben sie sich dabei Kollegen gemacht, die gleichfalls am Klonen interessiert sind, ihren Ruf aber durch Abenteurer und Scharlatane gefährdet sehen. Ziel dieser zweiten Forschergruppe ist nicht der genetisch kopierte Mensch, sondern eine – mindestens so lukrative – Ersatzteil-Medizin, die Gewebe und neue Organe aus „embryonalen Stammzellen" verspricht. Durch „therapeutisches Klonen" könnten sie sogar für den Patienten genetisch passend sein, für den der Ersatz bestimmt wäre. Und folglich würde der vom Immunsystem auch nicht abgestoßen. Ethisch heikel wird die Prozedur, weil dazu ein à la Dolly erzeugter Embryo nach etwa einer Woche getötet werden muss, damit man an seine Stammzellen herankommt. Vor gut drei Jahren waren solche Alleskönner erstmals im Labor gewonnen worden. Wie aus

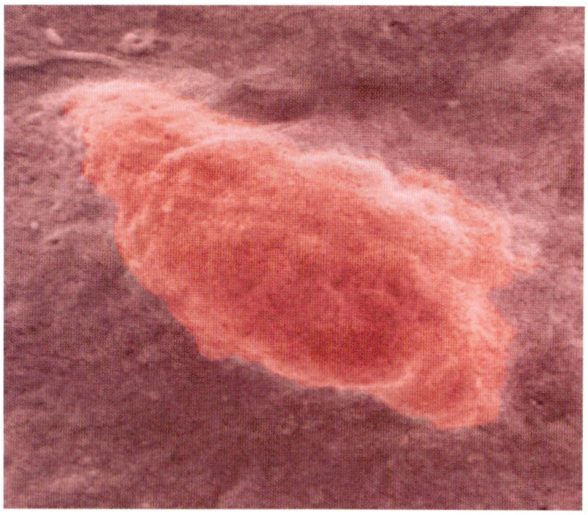

Von embryonalen Stammzellen (hier unter dem Mikroskop) versprechen sich Forscher eine neue Ersatzteil-Medizin

ihnen die über 200 verschiedenen Gewebetypen eines Menschen entstehen, ist noch weitgehend unverstanden. Doch es gibt ermutigende Fortschritte. So meldeten Anfang Dezember zwei Forschergruppen, es sei ihnen gelungen, aus embryonalen Stammzellen mehrere Nervenzelltypen des menschlichen Gehirns zu entwickeln und – testweise – in den Schädel neugeborener Mäuse zu implantieren. Dort fügten sich die Zuchtzellen bestens in das natürliche Nerven-Netzwerk – Hoffnung vor allem für Parkinson-Patienten und alle, die wegen anderer bislang unheilbarer Nervenleiden auf Ersatz aus dem Labor angewiesen sind. Einer der beteiligten Forscher war der Bonner Neuropathologe Oliver Brüstle, der unter Polizeischutz gestellt werden musste, weil so genannte Lebensschützer damit gedroht hatten, ihn aus der Welt zu schaffen. Mit seinem bei der Deutschen Forschungsgemeinschaft eingereichten Förderungsantrag für den Import von embryonalen Stammzellen hatte Brüstle zusammen mit seinem Kollegen Otmar Wiestler heftige Kritik vor allem von Kirchen und anderen Konservativen auf sich gezogen. Dabei wäre die Einfuhr der ethisch heiklen Fracht nach dem geltenden Embryonenschutzgesetz legal. Doch die Debatte wogte hin und her und weckte Erinnerungen an das Hickhack um die Abtreibungsregelung.

Befürworter der Forschung an embryonalen Stammzellen mussten sich den Vorwurf des „Kannibalismus“ gefallen lassen – was zu dem hämischen Konter verleitete, in Deutschland sei ein Embryo so lange geschützt, bis er abgetrieben werde. Die Fronten sind verhärtet, der Kampf geht weiter. Ob so genannte adulte Stammzellen, die auch im erwachsenen Organismus gefunden wurden, ähnlich vielseitig sind wie ihre embryonalen Verwandten, kann aber nicht auf Kirchentagen, sondern nur durch weitere Forschung geklärt werden. Auch in Deutschland? Wissenschaftler in Großbritannien oder Singapur hätten gegen ein Verbot für ihre Konkurrenz hierzulande vermutlich nichts einzuwenden. Doch noch hoffen Forscher wie der Hannoveraner Mediziner Axel Haverich auf ihre Teilnahme: „Wenn Olympische Spiele sind, dann tritt man an.“

Das Abenteuer ist vorbei

Schiffstuten und Wasserfontänen begrüßen einen Kahn, der viel gesehen und erlebt hat: Nach 1009 Tagen Seefahrt läuft am 21. Juni die „Starship", das hochmodern ausgerüstete Forschungsschiff des *stern*, in den Hamburger Hafen ein. Crew und Kapitän haben 75 000 Seemeilen und unvergessliche Erlebnisse hinter sich – sie besuchten die paradiesische Inselwelt der Südsee, sahen weiße Haie vor Südafrika und waren zu Besuch bei den Fischerfrauen von Dakar. 1998 hatte die „Starship" in Seattle ihre „Millennium Voyage" begonnen, die fast um den ganzen Erdball führte

Lichterspuk im fernen All

So viel schien Astrophysikern bislang klar: Ein Schwarzes Loch verschlingt jegliche Materie und Energie. Mit dem europäischen Röntgensatelliten und Weltraumobservatorium XMM-Newton haben Forscher jetzt eine Spiralgalaxie des Sternbildes Kentaur, rund 100 Millionen Lichtjahre von uns entfernt, beobachtet – und eine sensationelle Entdeckung gemacht, die dieses grafische Bild veranschaulicht: Ein Schwarzes Loch sendet auch Strahlung aus. Offenbar sind die Eigenrotation des kosmischen Monsters und ein Magnetfeld daran schuld. Darin wird die Drehbewegung gebremst, die schwindende Rotationsenergie wandelt sich um in Strahlung

Altertum aus der Tiefe

Eigentlich soll er seit etwa 70 Millionen Jahren ausgestorben sein – und doch geht er zuweilen Fischern ins Netz oder schwimmt Tauchern vor die Scheinwerfer: der Quastenflosser. Die Art überlebt in Wassertiefen bis zu 400 Meter vor steilen Abhängen, die Tiere nutzen Höhlen oder Felsüberhänge als Versteck. In den Gewässern vor Kenia, wo schon Ende vergangenen Jahres Taucher in 104 Meter Tiefe drei Exemplare des lebenden Fossils gesichtet und fotografiert hatten, wurde ein 77-Kilo-Brocken gefangen, den Präparatoren des Nationalmuseums stolz zeigen – ein Stück Evolutionsgeschichte

Heiß auf Eis

Nach jahrelanger Schreibtisch-Fron an der Universität segelte der Hamburger Hauke Trinks allein von Hamburg in die Ödnis der Arktis, ließ dort sein Schiff einfrieren und überwinterte. Gesellschaft leisteten dem Professor seine beiden Huskys. Der Physiker will herausfinden, ob im menschenfeindlichen Eis der Polarmeere das Leben entstand. Verbreitete Anschauung ist immer noch, dass sich die ersten Organismen in einer warmen Ursuppe entwickelt haben. Für seine Studien, die eines Tages das Gegenteil beweisen sollen, nahm Hauke Trinks Kälte, monatelange Einsamkeit und allerlei Entbehrungen in Kauf

Allein gegen den Wind

Im Südpolarmeer bei Windstärke sieben – nur der Klüver steht noch. Der 60-jährige Wilfried Erdmann bestand als erster Deutscher die größte Herausforderung der Meere: In 343 Tagen segelte er mit seinem nur knapp elf Meter langen Aluminiumboot „Kathena nui“ 31 362 Seemeilen um den Globus – allein, nonstop und gegen die vorherrschende Windrichtung

Leuchtfeuer der Leoniden

Sie kommen pünktlich Mitte November, und dann in großer Zahl. Jedes Jahr ziehen Meteoriten aus dem Sternbild des Großen Löwen ihre Lichtspur über den Himmel: Leoniden nennen die Astronomen sie. Hier hat der Fotograf am Fujiyama, dem heiligen Berg der Japaner, seine Kamera sieben Minuten lang in der Nacht postiert. Wer von den interplanetaren Kleinkörpern in die Atmosphäre hineinrast, verglüht – oder er steht es durch und fällt, wegen der Reibungshitze mit einer Schmelzrinde, auf die Erde. Geschätztes Alter der funkelnden Besucher: 4,6 Milliarden Jahre. Damals ist auch die Erde entstanden

Katastrophen Kein Stopp für den Klimakiller

Von Horst Güntheroth

Regengüsse lassen die Flüsse in Mosambik über die Ufer treten und überschwemmen die Savanne, zehntausende von Menschen fliehen oder werden mit Hubschraubern gerettet. Wie viele ertrinken, weiß keiner. Auch in Sibirien verlieren Tausende ihr Heim bei einer Jahrhundertflut. Auf Taiwan verwüstet einer der schwersten Taifune das Land, über 80 Menschen kommen um, und auf Kuba hinterlässt ein Hurrikan Schäden wie nie zuvor. Derweil gehen sintflutartige Regenfälle in Algerien nieder und begraben 1000 Menschen in Schlammlawinen.

Einfach nur Unwetter? Oder Vorboten der globalen Katastrophe? Viele Wissenschaftler sind längst davon überzeugt, dass zahlreiche Atmosphärenturbulenzen alles andere als purer Zufall sind. Ihren Rechnungen und Prognosen zufolge schlittert die Welt direkt ins Klimachaos.

Schuld an allem ist demnach der Mensch. Durch die Verbrennung von Kohle, Erdöl und Gas produziert er Kohlendioxid (CO_2), etwa fünf Milliarden Tonnen quellen jährlich durch Schornsteine und Auspuffe. In der Lufthülle des Planeten wirkt CO_2 wie das Glasdach eines Treibhauses; es lässt die von der Sonne kommende Strahlung passieren, verhindert aber gleichzeitig, dass die von der Erde reflektierten Wellen wieder ins All entweichen. Die Folge: Hitzestau in der Luftglocke. Die Wettervorgänge dort geraten außer Rand und Band.

Seit Jahrzehnten wollen Politiker den CO_2-Ausstoß drosseln – nun mal wieder mit einem Meeting in Bonn. Regierungsdelegationen von 180 Staaten reisen im Juli 2001 an den Rhein, um über Maßnahmen zu beraten und die Industrieländer zu verpflichten, ihre Kohlendioxidproduktion bis zum Jahre 2012 um fünf Prozent zurückzufahren – wie schon 1997 im japanischen Kyoto beschlossen. Eine Reduktion, die viele Wissenschaftler als geradezu läppisch ansehen. Damit ließe sich die Katastrophe nicht einmal wirkungsvoll verzögern, geschweige denn stoppen. Und die USA machen gar nicht mit. Präsident George W. Bush lässt bereits im Vorfeld der Verhandlungen durchblicken, dass er nicht zustimmt.

Deshalb schreiben Promis aus Politik, Showbiz und Wissenschaft, darunter Jimmy Carter, Michail Gorbatschow, Harrison Ford, John Glenn, Craig Venter und Stephen Hawking einen Brief an Bush und fordern ihn auf, seine Entscheidung zu revidieren. Auch die EU versucht, den US-Präsidenten umzustimmen. Ohne Erfolg – Amerika bleibt stur. Auch bei der nächsten Konferenz. Zu der vertagt man sich, nachdem in Bonn akzeptiert wird, dass Japan, Kanada und Russland

Frühjahrs-Hochwasser in Ungarn: An die 7000 Menschen mussten aus ihren Häusern evakuiert werden – und auch Tiere aus den Ställen, wie dieses Pferd

ihre CO_2-Produktion wesentlich geringer als vorgesehen zurückfahren und sie sich ihre Wälder als Filter gutschreiben lassen können. Zur neuen Tagung jettet die internationale Politikerschar im Oktober nach Marokko. Auch in Marrakesch wird der Planet nicht weiter entlastet, geht es nur um Details und Kompromisse.

Paraxoderweise haben gerade die industrialisierten Länder, die den höchsten CO_2-Ausstoß haben, den geringsten Handlungsbedarf. Denn sie werden die drohende Klimaveränderung noch am besten verkraften. Der Bau von neuen Deichen, die Installation von Klimaanlagen, die Konstruktion von Bewässerungssystemen und die Umstrukturierung der Landwirtschaft kosten zwar eine Menge, sind prinzipiell aber machbar. Manche nördliche Region wird sogar vom Klimawandel profitieren – auf den Feldern dort werden die Pflanzen üppiger gedeihen.

Treffen wird es vor allem die Dritte Welt, die mit ihrer geringen Treibhausgasproduktion die Erde am wenigsten aufheizt. Allein der Meeresspiegelanstieg bedroht Millionen von Menschen in dicht besiedelten Gebieten wie am Ganges- oder Nil-Delta. Zudem gefährden die tauenden Gletschermassen des Himalaya noch einmal viele Völker. Die Schmelzwasser können als Flutwellen ganze Täler verwüsten. Und Indien droht von verheerenden Dürrekatastrophen heimgesucht zu werden, weil dauerhaft der Nachschub für die Flüsse ausbleibt. Afrika wird unter noch schlimmeren Hungersnöten leiden. Obendrein werden in vielen Ländern Südamerikas und Asiens die Trinkwasserreserven schrumpfen. „Schon jetzt gibt es in Afrika und Teilen Osteuropas fast 25 Millionen Umweltflüchtlinge, Versteppung und Wasserarmut vertreiben sie aus ihrer Heimat", sagt Klaus Töpfer, einst deutscher Umweltminister und heute Leiter des Umweltprogramms der Vereinten Nationen. Kriege ums Wasser sind programmiert. Deshalb mahnt der UN-Funktionär: „Klimapolitik ist die Friedenspolitik der Zukunft."

... und wieder New York

Gerade zwei Monate nach dem Anschlag auf die Zwillingstürme des World Trade Center krachte ein Airbus A-300 von American Airlines kurz nach dem Start vom John-F.-Kennedy-Flughafen in den New Yorker Stadtteil Queens und verbrannte: Keiner der 260 Insassen überlebte, fünf Menschen starben auf der Straße oder in ihren Häusern. Wieder Terror? Untersuchungen ergaben: Das Leitwerk, möglicherweise fehlerhaft konstruiert, war im starken Wirbel eines kurz zuvor gestarteten Jumbos abgerissen

Ein Koloss geht in die Knie

Dreimal hatte es im März auf P-36 vor der Küste des brasilianischen Bundesstaates Rio de Janeiro gerumst. Fünf Tage nach diesen rätselhaften Explosionen, bei denen zehn Menschen ums Leben kamen, war von der größten Ölplattform der Welt, die täglich zwölf Millionen Liter Öl fördern konnte, nichts mehr zu sehen. Das technische Prunkstück, erst im Jahr davor in Betrieb gegangen, 31 400 Tonnen schwer und 40 Häuserstockwerke hoch, hatte sich zur Seite geneigt und war für immer in die Ozeanfluten abgetaucht

Und fast immer erwischt es die Armen...

Tagelang hatte es Anfang November in Algier geschüttet. Die Fluten schoben Schlamm und Geröll vor sich her – was im Weg stand, wurde mitgerissen. 1000 Tote, 25 000 Obdachlose vor allem im Armenviertel Bab el-Oued. Leichengeruch breitete sich aus. Im Kampf gegen die Katastrophe hatten die Helfer meist nur kleine Schaufeln. Räumgeräte waren rar. Und was alles noch schlimmer machte: Die Regierung, so heißt es, habe Abwasserkanäle zubetoniert, weil Terroristen sie gern als Versteck benutzten

Wojtyla in den Wassern

Tagelang schüttete sich Ende Juli, Anfang August der Himmel über dem Südosten Polens aus. Der Pegel der Weichsel stieg, marode Dämme brachen. Auch die Figuren eines Erzbischofs mit den Zügen des jungen Karol Wojtyla sowie eines Bischofs – aus der Kirche des kleinen Ortes Kepa Gostecka zur Fürbitte in die Abwehrschlacht gegen die Naturgewalt geschickt – litten unter Land unter. Als die Flut gewichen war, kehrten sie getrocknet in ihr Gotteshaus zurück – die Menschen aber schöpften stinkende Schlammbrühe aus ihren Wohnstuben

Flut im Eisland

Es war ein besonders harter Winter in Sibirien gewesen, mit Temperaturen bis minus 60 Grad. Im Mai kam dann das Tauwetter. Die gewaltigen Eisschollen, gegen die sogar Dynamitpakete und Sprengbomben eingesetzt wurden, stauten die Lena, einen der größten Ströme der Erde. Das Wasser trat verheerend über die Ufer und ließ Städte und Dörfer absaufen. Bis zu 50 000 Menschen wurden evakuiert, Tausende obdachlos. Viele harrten in den Obergeschossen und Dachböden ihrer Häuser aus – die Ziege fand Zuflucht auf einem Holzverschlag

Ein Highway versinkt

Es sah aus, als hätte ein Monster gewütet. In der Nähe von Seattle tat sich am 28. Februar durch ein Erdbeben ein gigantisches Loch im Highway 101 und dem angrenzenden Waldgebiet auf. Das Beben erreichte eine Stärke von 6,7 auf der Richter-Skala und war damit genauso stark wie jenes, das 1994 Los Angeles erschüttert hatte. An die 250 Menschen wurden verletzt, ums Leben kam niemand. „Wir hatten sehr, sehr viel Glück“, sagte Gary Locke, Gouverneur des US-Bundesstaats Washington

Tödliche Steinzeit

Die Katastrophe ereignete sich am 26. Januar, dem Nationalfeiertag der Inder. Morgens um 8.46 Uhr krachte im Bundesstaat Gujarat die Erde auseinander. Aus Häusern in 7700 Orten wurden Schutthalden, die zusammenstürzenden Steine erschlugen Zehntausende von Menschen oder begruben sie unter sich. Es war das schlimmste Erdbeben, das den asiatischen Subkontinent je traf. Das Elend zu beseitigen wird Jahre dauern. Ein Lichtblick? Mehr als eine Woche nach dem Crash wurde ein elf Monate altes Baby lebend aus den Trümmern geborgen

Flammenmeer im Berg

Ein Sattelschlepper, der Autoreifen geladen hatte, und ein Lkw mit Isoliermaterial prallten Ende Oktober im schweizerischen Gotthard-Tunnel gegeneinander, etwa einen Kilometer vom südlichen Ausgang Richtung Airolo entfernt. Auf einer Länge von 200 Metern brach Feuer aus, die extreme Hitze ließ die Tunnelabdeckung einstürzen. Mindestens elf Menschen starben im Rauch und in den Flammen – und jedermann fragt sich nach den Tunnelkatastrophen der vergangenen Jahre, ob er sich noch in die Röhren trauen soll, die unter den Alpen den Norden mit dem Süden Europas so praktisch verbinden

Michelle, die Furie

Familie Diaz in den Trümmern ihres Hauses: Am 7. November raste ein tropischer Wirbelsturm über Kuba. Er hinterließ Ruinen und riss Menschen in den Tod. Michelle war der heftigste Hurrikan seit fünf Jahrzehnten auf der Zuckerrohrinsel in der Karibik. Klimaexperten befürchten, dass der Treibhauseffekt und die dadurch verursachte Erwärmung der Meere die Startbedingungen für Wirbelstürme „verbessern" und somit die Katastrophengefahr wächst

Heimat am Rand der Hölle

Sie brauchen den Berg, und sie hassen ihn: die Menschen am Ätna. Europas aktivster Vulkan herrscht über Sizilien. Der kochende Koloss spendet fruchtbare Erde an seinen Hängen und drohte im Sommer wieder mal mit infernalischer Vernichtung. Gas und Asche schossen aus der Flanke des Dreitausenders. Aus einem Lavaloch spritzte Gesteinsmasse und floss rot glühend bedrohlich zu Tal. Aus satellitensicherer Höhe ist zu erkennen, wie eine Rauchfahne vom Wind übers Mittelmeer geblasen wird

Sport Als Schalke Meister war

Von Rüdiger Barth

Sollen sie alle den Fußball melken. Sollen ihn die Clubmanager an die Fernsehbosse verhökern, die Funktionäre immer neue blutleere Wettbewerbe schaffen, die Söldner millionenschwere Handgelder kassieren, lange bevor sie den Verein wechseln. Denn seit diesem Jahr ist klar: Die Seele des Spiels können sie nicht verkaufen. Der Fußball lebt, lebt, lebt. Zu allen Zeiten wird seine seltsame Kraft die Menschen zu Tränen rühren – oder sie unvermittelt in Ekstase versetzen.

2001 bot Dramen, mit denen der Fußball seine Kritiker überwältigte: Im Champions-League-Finale lag Bayern München gegen Valencia schnell zurück, vergab einen Strafstoß, kämpfte gegen die Angst, wie 1999 in Barcelona zu versagen, traf dann doch, gewann am Ende nach Elfmeterschießen. Quälend das Auf und Ab der Nationalelf, die sich in der Qualifikation zur Weltmeisterschaft erst von England 1:5 demütigen ließ, sich dann zu einem furchtbaren 0:0 gegen Finnland mühte. Um am Ende in die Relegation zu müssen, gegen die zweitklassige Ukraine, die plötzlich vielen als übermächtiges Team erschien. Aber als Flanke um Flanke Tore fielen, die deutsche Mannschaft in Dortmund 4:1 siegte, da feierten die Deutschen ihre Erlösung wie einen Titelgewinn.

Die ganze große, niemals zu brechende Macht des Fußballs offenbarte sich jedoch im Meisterschaftsfinale der Bundesliga, in den vier unglaublichsten Minuten ihrer Geschichte. Der FC Schalke 04 hatte eine atemberaubende Runde hingelegt, mit betörend zielstrebigem Angriffsspiel. Doch in den abschließenden Partien schien den Profis die Puste auszugehen – mit drei Punkten Rückstand auf die ewigen Bayern ging man im Mai in das letzte aller 34 Spiele. Es war der Abschied vom zugigen Parkstadion, denn nebenan ragte bereits die futuristische Arena empor, und die Fans hatte alle Vorfreude auf den ersten Meistertitel seit 1958 verlassen. 62 000 Schalker stellten sich auf einen bitteren Saisonabschluss ein.

Der Gegner hieß Unterhaching, ein Münchner Vorortverein, fast schon abgestiegen, verzweifelt bemüht. Die Schalker Elf tapste wie benommen umher, wachte erst auf, als es schon 0:2 stand, und zur gleichen Zeit hielt der große Rivale beim harmlosen Hamburger SV ein 0:0. Endlich brachen die Angreifer durch die Hachinger Abwehrreihen, drehten das Match, lagen 5:3 vorn. Die Fans sangen pflichtgemäß, jedermann träumte noch ein bisschen den königsblauen Meistertraum, was sollte man sonst auch tun. Dann, plötzlich, nach fast 90 Minuten, kam die Kunde aus Hamburg: Barbarez hatte das 1:0 geköpft, wie lange geht es dort noch?, wie lange?, keiner konnte das sagen, und die Menschen im Parkstadion stürmten nun das Spielfeld, weil

sie es nicht mehr aushielten, der Schiedsrichter pfiff ab, alle dachten, flehten, beteten, sie seien Meister, nach so vielen Jahren, nach einem solch wahnsinnig machenden Spiel. Drei, vier Minuten lang ging das so, bis selbst der Manager Rudi Assauer vor Freude tanzte, der vorher immer nur abgewiegelt hatte; ein Fernsehreporter hatte ihm zugeschrien, in Hamburg sei Schluss, Schluss, der HSV habe gewonnen.

Schalke, Meister.

Aber auf der Leinwand hoch über den Köpfen liefen Bilder vom Match des Konkurrenten, die Fans, Arm in Arm, schauten hin, wussten nicht, dass die Partie noch lief. Sahen, wie der HSV-Torwart einen Rückpass mit den Händen aufnahm. Sahen die Hamburger Spieler vor dem eigenen Tor eine Mauer bilden, sahen, wie Bayerns Torwart Kahn nach vorn stürmte, wie sich 20 Leiber im Strafraum drängten, wie ein Roter Anlauf nahm, wie er auf den Ball drosch.

Wie das Netz erzitterte.

Wie die Münchner herumrannten, verrückt vor Freude. Der grimmige Kahn quer über den Platz spurtete, sich eine Eckfahne packte, sich auf den Boden warf, die Stange in die Luft reckte wie eine Kriegstrophäe.

Im selben Atemzug begriffen die Schalker: Dass Bayern ihrem Club, ihnen selbst, die Meisterschaft entrissen hatte. Männer schluchzten fassungslos. Viele standen einfach nur da, wie versteinert. Wen anbrüllen, wohin mit der eiseskalten Enttäuschung? Die meisten gingen schweigend nach Hause.

Grausamer kann Sport nicht sein, grausamer kann das Leben kaum sein: sich ganz oben zu fühlen, wie berauscht, und dann in die finstersten Abgründe zu stürzen.

Aber wenn man kein Schalker ist, darf man sagen: So schön kann der Fußball sein. Denn natürlich kann ein Ball in der letzten Sekunde des letzten Spieltags noch irgendwie ins Tor kullern, natürlich weiß keiner, wie das passiert, natürlich bleibt Fußball das einfachste und zugleich rätselhafteste aller Spiele. Sollen sie ihn verscherbeln – seine Wunder werden weiter geschehen.

Die Leiden der Schalker Fans: So grausam ist der Fußball – und so schön

Altes Leid, junges Glück

Der Ex-Champ will wieder, aber seine Muskeln sind schwach: Boris Becker humpelt auf der Altherren-Tour der ATP in Graz vom Tennisplatz. In gewohnter Manier hatte er es mit 33 Jahren noch einmal allen zeigen wollen; stattdessen gibt er gegen Björn Borg verletzt auf. Von Barbara geschieden, von den Kindern getrennt, mit Firmen gescheitert – der öffentliche Becker machte 2001 eine traurige Figur. Ganz anders Steffi Graf, die andere deutsche Tennis-Ikone: Sie präsentierte der Weltpresse voll Mutterglück ihren Sohn Jaden Gil, der am 26. Oktober die Scheinwerfer der Welt erblickte. Aber mit ihrem Partner André Agassi hält sie sonst Distanz zur Öffentlichkeit – auch die Hochzeit am 22. Oktober fand in kleinstem Kreise statt

Der Chef, endlich erlöst

Noch nie ist Deutschland zuvor in einer Qualifikation zur Fußball-Weltmeisterschaft gescheitert. Und nun: Relegation gegen die Ukraine. Wer verliert, muss bei der WM 2002 zuschauen. Im Hinspiel erkämpfen die Deutschen im Höllenlärm von Kiew ein 1:1. Beim Rückspiel, an einem kalten Abend des 14. November, erwarten Rudi Völler und sein Helferstab eine Zitterpartie. Der Kessel des ausverkauften Dortmunder Westfalen-Stadions dampft vor Spannung. Bis Michael Ballack gleich nach dem Anpfiff das ersehnte 1:0 köpft, seine Mannschaft wenig später zwei weitere Tore schießt. Am Ende heißt es 4:1, die DFB-Elf fährt wie immer zur WM – und Rudi Völler bleibt Teamchef

An ihm kommt keiner vorbei

Deutscher Meister, Champions-League-Sieger, Weltpokal-Gewinner: Oliver Kahn vom FC Bayern München ist der beste Torwart der Welt – vielleicht gab es noch nie einen Besseren. Der 32-Jährige vereint akrobatische Körperbeherrschung, Konzentrationskraft und Hingabe. Dank sagenhafter Reflexe krallt und boxt er auch scheinbar unhaltbare Bälle weg. Und sein Siegeswille steckt Mitspieler an: Wer Kahn hinter sich weiß, glaubt immer an die eigene Stärke

Der Horror-crash von Hockenheim

Gerade ein paar Sekunden sind die Fahrer mit ihren Formel-1-Wagen am 29. Juli beim Großen Preis von Deutschland losgerast – da kommt es in Hockenheim zur Karambolage: Luciano Burti knallt mit seinem Prost auf den Ferrari von Michael Schumacher, verliert ein Rad, überschlägt sich. Wie durch ein Wunder bleiben alle Fahrer unverletzt

Die Gefühle schneller Männer

Zum Auftakt der Formel-1-Saison zeigt sich Weltmeister Michael Schumacher von ungewohnt verletzlicher Seite: Für den *stern* lässt er sich mit Ehefrau Corinna in inniger Zweisamkeit fotografieren. Auf den Pisten der Welt aber bleibt der 32-Jährige der Alte: Er gewinnt neun Grand Prixs und souverän seinen vierten WM-Titel. Dem finnischen Dauerrivalen Mika Häkkinen klebt in diesem Jahr das Pech an den Reifen: In Barcelona fällt er gar, in Führung liegend, in der letzten Runde aus. Ende September feiert der Mercedes-Pilot in Indianapolis seinen zweiten Sieg (o.) – ein versöhnlicher Abschied für den zweifachen Weltmeister, der in der nächsten Saison nicht mehr antritt

300 SLR
D
AW 84-7984

Silberpfeil mit Luftbremse

Ein Jahrhundert ist es her, dass der Name Mercedes erstmals in der Ergebnisliste eines Autorennens an der Spitze stand. Ende März 1901 gewann ein staksiges Gefährt mit dünnen Rädern in Nizza. Damit begann die Ära der Marke Mercedes, deren berühmte Silberpfeile schon bald als unschlagbar galten. Das Bild zeigt den Rennwagen von Stirling Moss aus dem Jahre 1955. Die Luftbremse, hier hochgeklappt, bekam der 300 SLR speziell für das Rennen in Le Mans. Sie wurde am Ende der damals fünf Kilometer langen Geraden ausgefahren, um rasch von Tempo 240 auf 160 herunterzukommen. Mit den normalen Bremsen allein wäre das nicht so schnell gegangen

Mit Wucht und Grazie

Weltklasseathletik und weibliche Anmut, nicht in allen Sportarten schließen sie sich aus. Jennifer Capriati gewinnt in diesem Jahr die Australian und die French Open und feiert nach Drogenproblemen ein beeindruckendes Comeback. Bei der 25-jährigen US-Amerikanerin wölben sich an den Armen mächtige Muskelstränge – so wie heute bei den meisten Spitzenspielerinnen im Damentennis. Mehr auf Gefühl als auf Kraft setzt die deutsche Eisschnellläuferin Anni Friesinger. Mit eleganter Kurventechnik gleitet die 24-jährige Inzellerin in diesem Jahr erst zu zwei Weltmeistertiteln, dann zu Seriensiegen im Weltcup. Bei Olympia 2002 in Salt Lake City gilt sie nun als Favoritin

Sandsturm auf Rädern

Wer bei dem Trip Bodenwellen spürt, ist zu langsam. Die Fahrt mit Rennbuggies in der Baja California ist nichts für Milchgesichter. Eher etwas für verkappte Rallyepiloten, die blaue Flecke für eine Auszeichnung halten. Was zählt, ist volle Pulle. Passieren kann nicht viel: Die Piloten sitzen festgezurrt mit Hosenträgergurten in Schalensitzen, haben Helme auf, und rechts und links in den offenen Flanken sind stabile Auffangnetze eingehakt. Eine Firma im südkalifornischen San Diego bietet diese Abenteuerreisen für

Gestorben George Harrison, der stille Beatle

Von Marcel Maerz

„Manchmal zählt eben das, was jemand nicht tut", sagte George Harrison einmal. Er hatte damit eigentlich nicht sich selbst gemeint – und doch, vielleicht besser als jeder andere, die Rolle seines Lebens beschrieben, seinen Part als der Unbekannte unter den Größten, als Nebenfigur der berühmtesten Band der Welt.

Wer war George Harrison? Viele Frauen fanden, dass der jüngste von allen Beatles auch der hübscheste war. Viele Kritiker meinten, er sei der beste Musiker der Fab Four gewesen.

Als die Beatles 1960 zum ersten Mal auf der Reeperbahn in Hamburg auftraten, war George gerade mal 17. Nach ein paar Monaten entdeckte die deutsche Polizei, dass George noch minderjährig war, er musste zurück nach England.

Auch als die Pilzköpfe Weltruhm erlangten, blieb George Harrison so etwas wie der Juniorpartner von John Lennon und Paul McCartney. Obwohl er es war, der Lennon beibrachte, wie man die Gitarre richtig spielt, kam gerade mal jeder zehnte Beatles-Song von ihm. Einige meinten, er sei unterdrückt worden von den Super-Egos Lennon und McCartney. Dabei bekannte er selbst einmal: „Ich wollte erfolgreich sein, aber nie berühmt."

Manchmal zählt eben das, was jemand nicht tut: Vater Harrison hatte sich immer gewünscht, dass sein Sohn Elektriker wird – nicht, dass er die elektrische Gitarre spielt. Und als George nach dem Hamburg-Abenteuer zurückkehrte in seine Heimatstadt Liverpool, bestand Harold Harrison darauf, dass sein Sohn sich einen Job suchte. So fing George in der Drahtfabrik Massey & Coggins an, für sieben Pfund die Woche.

Eines Tages tauchten John und Paul auf und sagten, sie hätten einen neuen Auftritt für die Band organisiert. Und nach einigem Zögern dachte sich George: „Scheiß drauf, ich kann das alles hier nicht ausstehen."

Er kündigte. Er wurde der Leadgitarrist jener Gruppe, die die Musikwelt für immer verändern sollte. Statt das bescheidene Leben eines englischen Arbeiters zu führen, hatte er die beste Zeit seines Lebens: „Wir lachten, jahrelang."

Als sich die Fab Four 1970 auflösten, legte Harrison einen grandiosen Start in sein zweites Leben hin. Bis heute ist sein Album „All Things Must Pass" das erfolgreichste Solo-Projekt eines Ex-Beatle – und vielleicht das inspirierteste. Danach wurde es ruhiger um Harrison. Er gründete eine Filmproduktions-Gesellschaft, besuchte

George Harrison wurde nur 58. Das Foto mit seiner Frau Olivia entstand im Januar 2000, zwei Wochen nach einem Messerangriff auf ihn – und vor der Entdeckung einer zweiten Krebserkrankung

Formel-1-Rennen und kaufte sich ein Schloss in der Nähe von London. Im Park seines Anwesens legte er einen Teich an mit Trittsteinen direkt unter der Wasseroberfläche. John Lennon hatte einmal getönt, die Beatles seien populärer als Jesus. George Harrison konnte über das Wasser gehen, wenn er wollte.

Er war es, der die Beatles Mitte der Sechziger auf den Indien-Trip brachte. Doch während die anderen von Yoga-Übungen und Meditation schnell genug hatten, blieb Harrison ein Leben lang Anhänger östlicher Philosophien. Zusammen mit seinem englischen Sinn für Humor ergab das jene besondere Mischung, die unter anderem zu dem Satz führte: „Soweit mir bekannt ist, wird es kein Comeback der Beatles geben, solange John Lennon tot ist." Auch nach Lennons Ermordung 1980 in New York hofften Millionen von Beatles-Fans, die Band würde sich wiedervereinigen, vielleicht mit Johns begabtem Sohn Julian. Ihre Hoffnung starb nun endgültig in einer Nacht im späten November 2001. 1997 war George Harrison an Krebs erkrankt und dem Tod nur knapp entkommen. 1999 brach ein schizophrener Attentäter in sein Haus in London ein und stieß ihm ein Messer in den Brustkorb. Seine Frau Olivia rettete ihm das Leben, indem sie den Angreifer, bevor er noch einmal zustechen konnte, mit einer Lampe niederschlug.

Als im Frühjahr des vergangenen Jahres die Ärzte bei ihm erneut Krebs feststellten, gab sich Harrison kämpferisch: „Ich bin noch lange nicht bereit zu sterben." Doch es war zu spät.

Den dritten Angriff auf sein Leben überstand er nicht. In der Nacht vom 28. auf den 29. November starb George Harrison. Er hat einmal gesagt: „Wir sind alle in dieses Leben geboren worden, wir werden alle sterben, und der Grund für das Sterben ist die Geburt. So einfach ist das."

Evelyn Künneke – die verstummte Nachtigall

Das Lied vom trällernden kleinen Nachtvogel war der größte Erfolg der Kabarettistin und Sängerin. Sie filmte mit Fassbinder und Rosa von Praunheim und war als alte Dame Kult bei den Jungen. Sie starb 79-jährig im April

Perry Como – der Unterhaltungs-Friseur

Haareschneiden hatte er gelernt, Menschen in gute Laune versetzen konnte der Sohn italienischer Einwanderer noch besser. Die Show des Entertainers und Sängers mit der einschmeichelnden Stimme war Quotenhit in den 50ern und 60ern. Er starb im Mai 87-jährig in Florida

David McTaggart – der grüne Rebell

Der Kandier machte aus Greenpeace eine weltweit agierende Umweltkämpfer-Truppe. Legendär sein listiges Vordringen 1995 in Frankreichs Atombastion Muroroa. Er starb mit 68 bei einem Autounfall in Italien, wo er zuletzt als Olivenbauer lebte

Kurt Hoffmann – der Regisseur der Heiterkeit

Er drehte mit einem Bruchpiloten („Quax"), mit Spitzbuben („Das Wirtshaus im Spessart") und mit der Puszta-Schönen Lilo Pulver („Ich denke oft an Piroschka"). Der Filmmacher der deutschen Nachkriegszeit starb im Juni 90-jährig in München

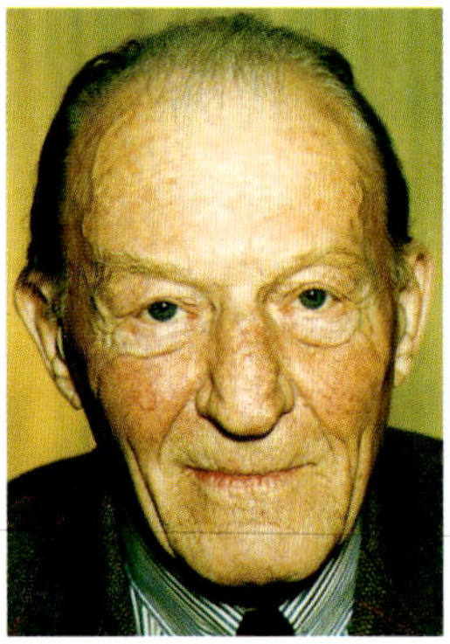

Peter von Zahn – der Pionier am Mikrofon

Er war dabei, als man nach dem Krieg im Hörfunk wieder frei sprechen durfte und später das Fernsehen startete. Tausende von Beiträgen hat er gesendet. „Windrose" hieß seine Info-Firma. Das war Programm für Globalität. Im Juli starb er 88-jährig in Hamburg

Giuseppe Sinopoli – der Könner am Pult

Deutsche Oper Berlin, „Aida", 3. Akt. Poltern aus dem Orchestergraben. Der italienische Maestro ist zusammengebrochen; wenig später ist er tot. Mit 54 erliegt einer der besten Dirigenten der Welt im April einem Herzinfarkt

Beate Uhse – die Lady der Lust

Als 24-Jährige flog die ostpreußische Gutsbesitzerstochter Jagdflugzeuge an die Front. Nach dem Krieg verkaufte sie, als fliegende Händlerin, Broschüren zur Schwangerschaftsverhütung – der Anfang eines Sex-Konzerns in Flensburg, der sich über bürgerliche Prüderie offen hinwegsetzte, dafür aber von sittenstrengen Staatsanwälten eine Anzeige nach der anderen einheimste. Die Libido-Pionierin hat sich davon nie einschüchtern lassen. 1999 ging ihr Unternehmen an die Börse. Im Juli starb sie im Alter von 81 Jahren

Hannelore Kohl – die Frau an seiner Seite

Jahrzehntelang begleitete die ehemalige Fremdsprachenkorrespondentin die politische Karriere des Riesen vom Rhein. In der Tanzstunde hatte das Paar zueinander gefunden; 1960 haben Hannelore und Helmut Kohl geheiratet. In der Ehe habe sie gelernt, ihre „Tränen in einem Hundefell zu begraben", sagte sie einmal im Interview. Aber auch, in einem Gespräch Anfang April 2001: Aufgeben sei „das Letzte, was man sich gestatten darf". In der Nacht zum 5. Juli löschte sie mit Tabletten ihr Leben aus. Sie war 68 Jahre alt. Unerträgliche Schmerzen als Folge einer Lichtallergie hätten sie in den Tod getrieben, hieß es offiziell. Wahrscheinlicher ist: Die Frau an der Seite eines übermächtigen Mannes scheint schwer depressiv gewesen zu sein – und floh immer tiefer in ein Schattendasein, aus dem sie sich schließlich selbst erlöste

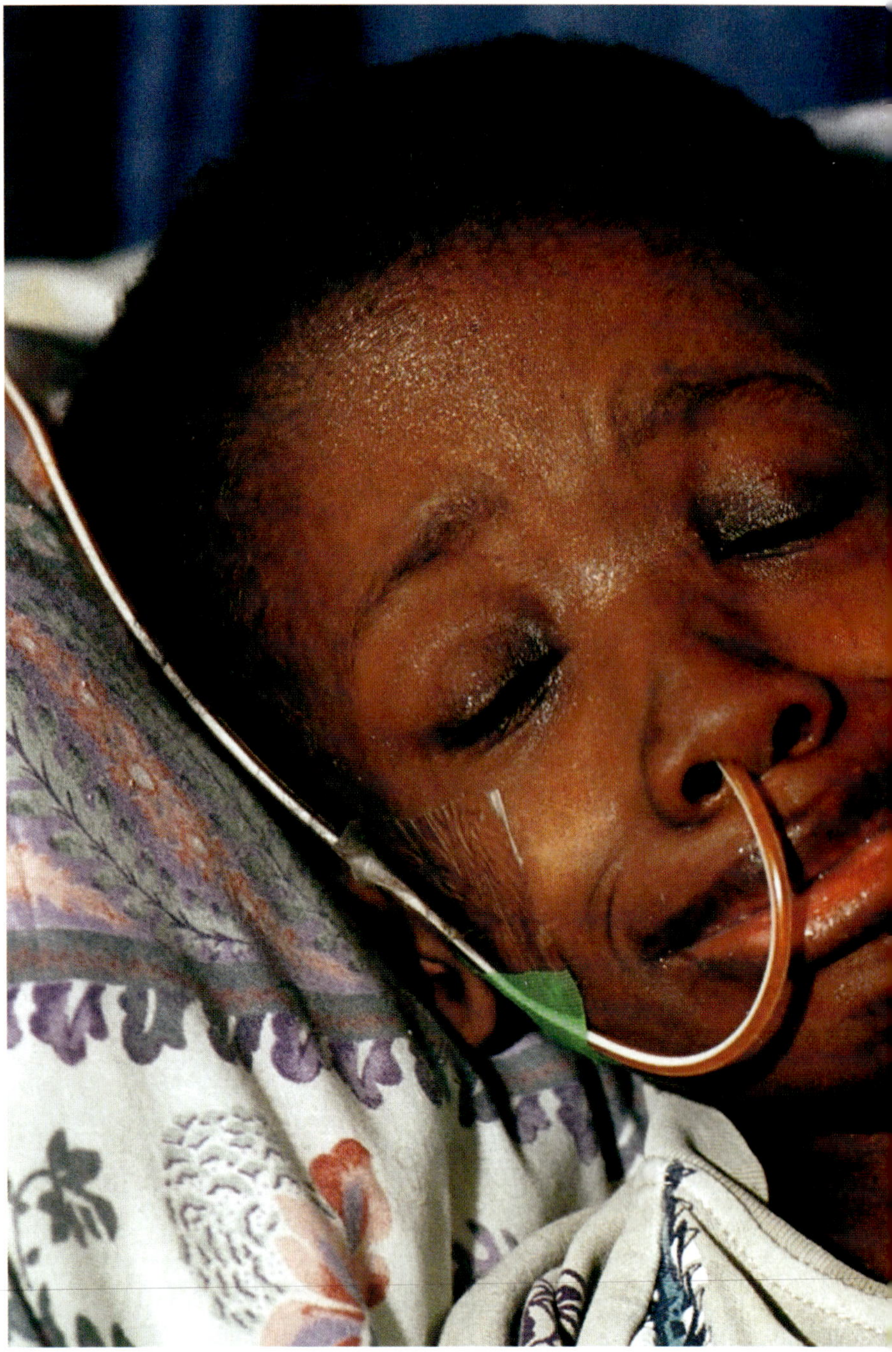

Soraya – Kaiserin des Regenbogens

Mit 18 heiratete die „Prinzessin mit den smaragdgrünen Augen" den Schah von Persien. Ihr glamouröses Leben beherrschte im grauen Nachkriegsdeutschland die Illusions-Gazetten. Nach sieben Jahren wurde sie wegen Kinderlosigkeit vom Märchenthron gestoßen. Ihr neuer Partner stürzte mit dem Flugzeug ab, zwei weitere, ein Graf, ein Bankier, begingen Selbstmord. Die Ex-Kaiserin drehte erfolglos einen Film, lebte als Party-Diva, schrieb die Biografie „Palast der Einsamkeiten" und starb im Oktober mit 69 in Paris

Nkosi Johnson – der kleine Held Südafrikas

Von Geburt an war er mit Aids infiziert. Doch der Junge erwies sich als Kämpfer: Mit seiner Pflegemutter erstritt er das Recht auf Schulbesuch, und noch auf der Aids-Konferenz 2000 in Durban appellierte der schon schwer kranke kleine Südafrikaner an die Weltöffentlichkeit, mehr gegen die tödliche Immunschwäche zu tun. „Time To Say Goodbye" wurde immer wieder an seinem Krankenbett gespielt, als er bereits im Koma lag. Nkosi starb Anfang Juni – mit zwölf Jahren

Stanley Kramer – der Mann mit Moral

Seine Filme („12 Uhr mittags", „Das Urteil von Nürnberg") sollten eine Botschaft haben. Als so was nicht mehr gefragt war, zog er sich zurück. Im Februar starb er im Alter von 87 Jahren

Helen Vita – die Königin des Frivolen

Sie sang in prüden Zeiten Lieder, die nur als „Bückware" verkauft werden durften, weil sie auf dem Index standen. Auch Brecht und Tucholsky interpretierte sie, spielte in Zürich Theater und filmte mit Fassbinder. Das schräge Multitalent starb im Februar mit 72 Jahren

Balthus – der rätselhafte Realist

Seine Techniken entlehnte er der Freskomalerei des italienischen Quattrocento. Mit seinen erotischen Darstellungen, oft halb entblößte Kindfrauen, entfachte er Skandale. Im Februar starb der Künstler mit 92 in seinem Schweizer Chalet

Jack Lemmon – der linkische Held

Seine Rolle war der „Pechvogel", „der wider Willen komisch ist" (Billy Wilder). Er spielte sie mit Shirley MacLaine im „Apartment" (Foto) oder mit Marilyn Monroe in „Manche mögen's heiß". Der Komödiant bekam zwei Oscars und starb im Juni im Alter von 76

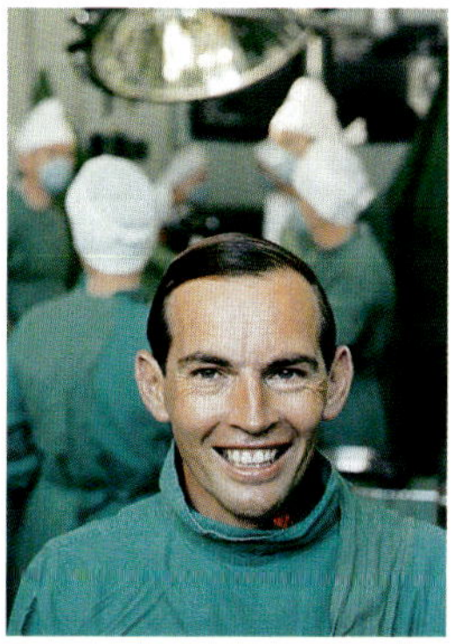

Christiaan Barnard – der Magier im OP

Er hatte es als Erster gewagt und 1967 einem 55-Jährigen in einer fünfstündigen Operation das Herz eines Unfalltoten eingepflanzt. Der Chirurg wurde weltberühmt. Einen Asthmaanfall im September überlebte der Sonnyboy aus Südafrika nicht. Er wurde 78 Jahre alt

Vera Brühne – die Schuldig-Gesprochene

In einem spektakulären Indizienprozess wurde sie als Doppelmörderin verurteilt. Sie sollte ihren Geliebten und dessen Haushälterin „aus Habgier und heimtückisch" umgebracht haben. Nach 18 Jahren Haft wurde sie 1979 begnadigt und starb 91-jährig im April

Karl Eduard von Schnitzler – das Schandmaul

Der „Schwarze Kanal" hieß seine Propagandasendung im DDR-Fernsehen, „Sudel-Ede" wurde er genannt, weil er mit wüsten Attacken auf die BRD sein Programm bestritt. Der Kalte Krieger starb mit 83 im September

Regine Hildebrandt – die gesamtdeutsche Frau

Sie war ein Mauerkind. Aufgewachsen in der Bernauer Straße, Berlin-Mitte. Ein Ort, von dem sie sagte: „Wenn man aus dem Fenster guckte, war man mit 'm Kopf im Westen und mit 'm Hintern im Osten." In den zehn Jahren ihres politischen Engagements wurde die ebenso sangesfreudige wie streitbare Frau zu einer gesamtdeutschen Persönlichkeit. Geliebt im Osten, obwohl sie ihren jammernden Landsleuten mehr als einmal die Leviten las. Geschätzt im Westen, wo sie für ihre Geradlinigkeit bewundert wurde. Konsequent blieb sie auch im Herbst 1999, als sie ihr Amt als brandenburgische Sozialministerin aufgab, weil sie nicht mit „den Arschlöchern" von der CDU in eine Koalition wollte. 1996 erkrankte sie an Brustkrebs; Ende November starb die 60-Jährige, wie sie es sich gewünscht hat: nicht an Apparaten im Krankenhaus, sondern zu Hause bei der Familie

Emilie Schindler – die Stärke der Betrogenen

Mit ihrem Mann hat sie mehr als 1200 Juden vor dem Holocaust gerettet. Jahrzehnte lebte sie, inzwischen von ihrem philantropischen Schürzenjäger getrennt, in Argentinien, wurde dort Ehrenbürgerin. Schlagzeilen machte ein Koffer, den Kinder von Schindlers letzter Geliebter auf einem

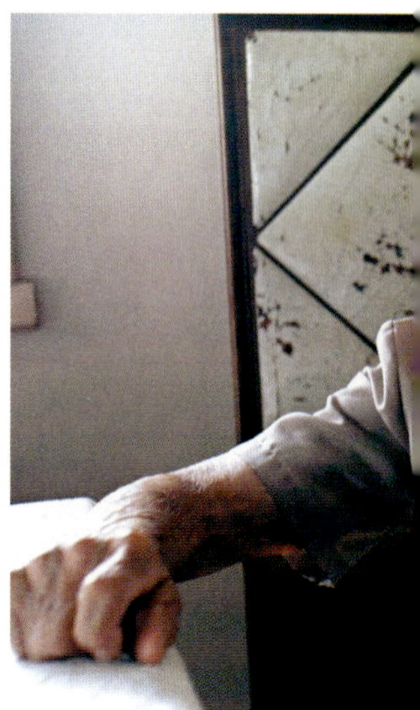

Einar Schleef – der Könner ohne Kompromisse

„Was die Welt verändert, kommt immer aus der Verzweiflung." Der Berserker des Regietheaters wollte zu viel des Guten. Zum Schluss machte sein Herz nicht mehr mit. Im Juli starb er im Alter von 57 Jahren

Anthony Quinn – der Macho mit Herz

Er war König, Indianer, Papst, Boxer, Künstler – und vor allem der griechische Schelm Alexis Sorbas (Foto). In rund 300 Filmen war der Haudegen aztekischer und irischer Abstammung mit seiner malträtierten Visage auf der Leinwand zu sehen. Im Juni starb er 86-jährig

Isaac Stern – der Virtuose auf der Violine

Als Baby kam er mit seinen Eltern aus der Ukraine nach San Francisco. Als Weltstar auf der Geige unterrichtete er auch mit Begeisterung junge Menschen, trat fidelnd sogar in der Sesamstraße auf. Er starb im September mit 81

Dachboden in Hildesheim entdeckt hatten – mit einer Liste der einst geretteten Juden. Emilie Schindler erzwang, dass der Koffer der israelischen Gedenkstätte Yad Vashem übereignet wurde. Begraben werden wollte sie in Deutschland. Im Oktober starb sie mit 93 in Strausberg bei Berlin

„Anderl" Kupfer – der Boss am Ball

Was er spielte, hieß damals Außenläufer. 44-mal durfte er sich das Leibchen der Fußballnationalmannschaft überstreifen – zuletzt im Jahr 1950 gegen die Schweiz, als zum ersten Mal wieder wer gegen Deutschland kicken wollte. Im April starb er mit 86

Stefan Heym – der große Widerspruchsgeist

Er hatte noch in Israel an einem Kongreß über den Dichter Heinrich Heine teilgenommen. Passender „Abschied" für den kämpferischen Geist und Stilisten, der einer der bedeutendsten oppositionellen Autoren der früheren DDR gewesen war. Er starb im Dezember mit 88 Jahren

Gerhard Stoltenberg – die Allzweckwaffe

Der „kühle Klare aus dem Norden" hieß er, war Forschungs-, Finanz-, Verteidigungsminister und CDU-Chef in Schleswig-Holstein. Gelernt hatte er Geschichtswissenschaft. Das gab ihm Überblick. Er starb mit 73 im November

Gestorben im Jahr 2001

Douglas Adams
49, englischer Bestsellerautor von Science Fiction („Per Anhalter durch die Galaxis"). Mai

Jorge Amado
88, brasilianischer Schriftsteller mit internationalem Erfolg („Gabriela wie Zimt und Nelken"). August

Chet Atkins
77, virtuoser amerikanischer Gitarrist und Produzent – Country und Western. Juni

Babu Chiri Sherpa
35, nepalesischer Rekordbergsteiger – stürzte am Mount Everest ab. April

Gilbert Bécaud
74, französischer Chansonnier und Komponist. Dezember

Jack O. Bennett
86, erster US-Pilot während der Berliner Luftbrücke. August

Herman Brood
54, holländischer Rockmusiker. Juli

Régine Cavagnoud
31, französische Skiweltmeisterin – starb nach einem Trainingsunfall. Oktober

Barbara Dittus
61, eine der bekanntesten Schauspielerinnen der DDR – Berliner Ensemble, Filme, Fernsehen. Juni

Lothar Dombrowski
70, „Tagesschau"-Sprecher. September

Katharine Graham
84, amerikanische Zeitungsverlegerin („Washington Post"). Juli

Otto Greis
87, Maler – führender Vertreter der Nachkriegs-Moderne. März

William Hammerstein
82, Musical-Regisseur und Produzent („Oklahoma!"). März

William Hanna
90, Zeichner, Filmproduzent und Schöpfer der „Familie Feuerstein". März

Hans Holt
91, österreichischer Schauspieler („Weißer Flieder",„Die Trapp-Familie"). August

John Lee Hooker
83, legendärer amerikanischer Blues-Musiker – Idol der Rockgeneration. Juni

Fred Hoyle
86, prominenter amerikanischer Astrophysiker und Wissenschaftsautor – Begründer der „Big Bang"-Theorie. August

Ernst Hürlimann
80, Karikaturist („Süddeutsche Zeitung"). Februar

Tove Jansson
86, finnische Buchautorin und Illustratorin („Mumins"). Juni

Laurent Kabila
61, kongolesischer Diktator – fiel einem Attentat zum Opfer. Januar

John Lewis
80, amerikanischer Musiker, Pianist – Mitgründer des Modern Jazz Quartet. März

Manuela
57, Schlagersängerin und Teenageridol der 60er Jahre („Schuld war nur der Bossa Nova"). Februar

Hans-Günter Martens
70, Schauspieler – Kriminalrat Friedrichs im „Tatort". Januar

Ahmed Schah Massud
48, Führer der afghanischen Nord-Allianz – wurde Opfer eines Attentats. September

William H. Masters
85, amerikanischer Professor und Sexforscher („Die sexuelle Revolution"). Februar

Hans Mayer
94, Literaturwissenschaftler, Schriftsteller („Außenseiter"), Spezialist für Thomas Mann und Richard Wagner. Mai

Alfred Moen
84, Erfinder – von ihm stammt der Mischwasserhahn. April

Anne Morrow Lindbergh
94, amerikanische Schriftstellerin und Witwe von Flieger-As Charles Lindbergh. Februar

Michel Navratil
92, Psychologieprofessor – einer der letzten Überlebenden der 1912 gesunkenen „Titanic". Januar

Hans Nicklisch
89, Unterhaltungsschriftsteller und Bestsellerautor („Vater unser bestes Stück"). März

Carroll O'Connor
76, US-Fernsehstar der Serie „All in the Family" – Vorbild für „Ekel Alfred". Juni

Leopold Page
87, Holocaust-Überlebender – sein Schicksal inspirierte das Buch und den Film „Schindlers Liste". März

John Phillips
65, US-Musiker, Sänger, Gründer der Hippie-Ära-Band The Mamas and the Papas. März

Phoolan Devi
44, indische Banditin („Banditenkönigin") und Politikerin – wurde ermordet. Juli

Rudolf Pörtner
89, Sachbuch-Erfolgsautor („Mit dem Fahrstuhl in die Römerzeit"). September

Charles Regnier
87, Schauspieler, Charakterdarsteller am Theater und in rund 100 Spielfilmen. September

Philip Rosenthal
84, Unternehmer – führte als einer der Ersten ein Beteiligungssystem für Mitarbeiter in seiner Firma ein. September

William Rogers
87, amerikanischer Außenminister unter Richard Nixon. Januar

Karl Schönböck
92, Schauspieler („Die Försterchristl", „Das Erbe der Guldenburgs"). März

W. G. Sebald
57, Schriftsteller mit zeitgeschichtlichen Themen („Die Ausgewanderten", „Austerlitz"). Dezember

Rechawam Seewi
75, ultraorthodoxer israelischer Minister – wurde Opfer eines Anschlags. Oktober

Leopold Senghor
95, Ex-Präsident von Senegal, Repräsentant der afrikanischen Unabhängigkeitsbewegung, Schriftsteller und Philosoph. Dezember

Kristina Söderbaum
88, Schauspielerin, Star der NS-Filmindustrie. Februar

Rudi Strahl
69, Komödien-Erfolgsautor in der DDR („Ein irrer Duft von frischem Heu"). Mai

Charles Trenet
87, französischer Chansonnier und Liebling der Grande Nation („La mer"). Februar

Alexej Tupolew
76, Flugzeugbauer, Sohn des legendären Flugzeugkonstrukteurs Andrej Tupolew. Mai

Günther Weißenborn
89, Pianist und Dirigent – begleitete den Sänger Dietrich Fischer-Dieskau mehr als 30 Jahre auf dem Klavier. Februar

Eudora Welty
92, bedeutende amerikanische Südstaaten-Schriftstellerin und Pulitzer-Preisträgerin. Juli

Iannis Xenakis
78, griechischer Komponist und Neutöner, genannt „Ingenieur der Ekstase". Februar

Das war 2001

Eine Chronik der wichtigsten Ereignisse des Jahres

Januar

George W. Bush legt als neuer US-Präsident vor dem Capitol in Washington den Amtseid ab. Mit dabei (v. r.): Tochter Jenna, First Lady Laura Bush und Tochter Barbara

Deutschland

Frauen-Wehr

Bei der Bundeswehr beginnen Frauen erstmals die Grundausbildung für den Dienst an der Waffe, im Sommer treten sie auch für die Offizierslaufbahnen an. Seit Juli 2000 haben sich rund 1900 beworben.

Joschka in Bedrängnis

„Ich war militant", bekennt Außenminister Joschka Fischer im *stern*. Dazu veröffentlicht der *stern* aus dem Jahr 1973 stammende Fotos, die Fischer, zur Hausbesetzerszene gehörend, vermummt im Straßenkampf bei Demonstrationen in Frankfurt zeigen. Eine ausgedehnte Diskussion über die linksradikale Vergangenheit von Politikern in den sechziger und siebziger Jahren kommt in Gang. Und sogar Fischers Rücktritt wird gefordert. Er erklärt öffentlich, dass er frühzeitig der Gewalt abgeschworen habe – und nennt die Einsicht „eine Entschuldigung für das Unrecht, das man" begangen hat.

BSE-Rücktritte

In der BSE-Krise unter schwere Kritik geraten, müssen Bundesgesundheitsministerin Andrea Fischer und Landwirtschaftsminister Karl-Heinz Funke zurücktreten. Nachfolgerinnen werden: als Gesundheitsministerin die SPD-Fraktionsvizechefin Ulla Schmidt, das neue Ministerium für Landwirtschaft und Verbraucherschutz führt die Grüne Renate Künast.

CDU-Schlappe

Nach einem Tag Öffentlichkeitstest ist der vermeintliche Kampagnen-Coup schon nichts mehr wert: CDU-Generalsekretär Laurenz Meyer zieht nach heftigen Protesten – auch aus der eigenen Partei – eine Plakat-Idee zurück, die im Stil von Fahndungsfotos Stimmung gegen Kanzler Gerhard Schröder machen soll; im Text wird er der Rentenlüge bezichtigt.

Weg frei für Westerwelle

FDP-Youngster Guido Westerwelle, 39, setzt sich – vor dem Dreikönigstreffen seiner Partei – mit einer Kampfansage gegen Wolfgang Gerhardt durch, der seinen Rückzug vom Parteivorsitz anbietet. Bei den Liberalen bahnt sich ein Generationswechsel an.

Kardinals-Ehren

Überraschend ernennt Papst Johannes Paul II. nachträglich die beiden deutschen Bischöfe Karl Lehmann aus Mainz und Johannes Joachim Degenhardt aus Paderborn zu Kardinälen. Lehmann, Vorsitzender der Deutschen Bischofskonferenz, ist im Vatikan wegen seines Eintretens für die Schwangeren-Beratung nicht sonderlich gelitten.

CDU-Generalsekretär Meyer mit umstrittenem Plakat

Ausland

Bush im Amt

Der Republikaner George W. Bush, ebenso knapper wie umstrittener Sieger über den Demokraten Al Gore, wird in Washington als 43. Präsident der Vereinigten Staaten vereidigt. Er fordert in seiner Rede von den Amerikanern besonders die Tugend der „Civility", gemeint ist damit eine Mischung aus Anstand, Hilfsbereitschaft, Sittsamkeit, zivilem Wohlverhalten. Er kündigt eine große Schulreform an, die auch weniger

Privilegierten zugute kommen soll.

Terrorismus-Spur
In New York beginnt der Prozess gegen einen Jordanier, einen Tansanier, einen Saudi und einen im Libanon geborenen Amerikaner: Sie werden beschuldigt, für die verheerenden Bombenattentate auf die amerikanischen Botschaften in Nairobi und Daressalam verantwortlich zu sein. Bei den Explosionen kamen 224 Menschen ums Leben, meist Afrikaner. Osama bin Laden, der als eigentlicher Drahtzieher gilt, ist nicht zu fassen.

UN gegen Taliban
Wegen ihrer Unterstützung von Osama bin Laden werden – auf Beschluss der Vereinten Nationen – die Taliban in Afghanistan mit einem Waffenembargo und anderen Sanktionen belegt. Die Gotteskrieger hatten auf ein Ultimatum, den Terror-Chef auszuliefern und Terroristen- Ausbildungslager zu schließen, nicht reagiert.

Lockerbie-Prozess
270 Tote hatte es im Dezember 1988 bei dem Terroranschlag auf einen Pan-Am-Jumbo gegeben, der durch eine Bombe über der schottischen Kleinstadt Lockerbie explodierte und abstürzte. Bei dem jetzt endlich stattfindenden Prozess wird ein lybischer Angeklagter wegen Mordes zu lebenslanger Haft verurteilt, der zweite freigesprochen.

Protest in China
Anhänger der in China weit verbreiteten Falun-Gong-Bewegung übergießen sich auf Pekings Tiananmen-Platz mit Benzin und zünden sich an – aus Protest gegen die Unterdrückung durch die Regierung. Eine Frau stirbt. Eine Menschenrechtsgruppe in Hongkong verlautbart, dass mehrere Mitglieder der Sekte in chinesischen Gefängnissen auf Grund schlechter Behandlung gestorben sind, insgesamt 92.

Umwelt

Erdbeben-Katastrophe
Bei einem schweren Erdbeben im indischen Bundesstaat Gujarat kommen an die 20 000 Menschen ums Leben. Fast 170 000 werden verletzt; rund eine halbe Million wird obdachlos. Zwei Städte, Bhuj und Anjar, sind nach der Katastrophe beinahe dem Erdboden gleichgemacht.

Glück für Galápagos
Einer schlimmen Verschmutzung entgehen die berühmten Galápagos-Inseln vor Ekuador knapp: Der altersschwache Tanker „Jessica“ läuft dort mit 900 000 Liter Dieseltreibstoff und schwerem Heizöl an Bord auf Grund. 500 Helfer, unter ihnen Wissenschaftler der amerikanischen Küstenwache und Umweltfachleute, kämpfen gegen die drohende Gefahr an. Vor allem durch schnelles Abpumpen und den Einsatz von Bindemitteln wird das einzigartige Natur- und Tierparadies von der giftigen Brühe verschont.

Im Scheidungsfall Becker gegen Becker wird Boris vor Gericht in Miami vereidigt

Wirtschaft

Transrapid-Erfolg
China kauft den in Deutschland umstrittenen Transrapid. Ein Vertrag über den Bau der neuartigen, superschnellen Magnetschwebebahn wird in Shanghai unterzeichnet. Sie soll dort die 33-Kilometer-Strecke zwischen der Innenstadt und dem Flughafen Pudong fahren und Ende 2003 den Betrieb aufnehmen. Die Kosten für das Gesamtprojekt, an dem neben dem chinesischen Betreiber ein deutsches Konsortium beteiligt ist, werden auf mehr als 2,5 Milliarden Mark geschätzt.

Internet-Pleiten
Die amerikanische Firma Webmergers.com veröffentlicht eine Studie über die grassierenden Internet-Pleiten: Aus ihr geht hervor, dass im letzten Viertel des Jahres 2000 die Zahl der Zusammenbrüche deutlich zugenommen hat. Fast 60 Prozent der weltweit registrierten Schließungen von etwa 210 Dot-Com-Unternehmen geschahen in den vergangenen drei Monaten. Allein durch die rund 40 Firmen, die im Dezember dichtmachten, sollen 1,5 Milliarden Dollar Anleger-Gelder verloren gegangen sein. Und die Krise in der New Economy, bei Internet- und Chipfirmen, setzt sich fort – so büßt gleich in den ersten Tagen des neuen Jahrs die Aktie der deutschen Softwarefirma Intershop rund 70 Prozent ihres Wertes ein. Der Niedergang des Neuen Marktes und das Platzen der Internet-Utopien vernichten vor allem Kleinanleger-Vermögen.

Das Musical „Cats“ verlässt nach 15 Jahren Hamburg

Daimler-Chrysler in Not
Der neue US-Daimler-Chrysler-Chef Dieter Zetsche verkündet, dass er unter anderem mit einem massiven Stellenabbau den angeschlagenen amerikanischen Teil des Konzerns aus der Krise führen will.

Unterhaltung

Katzen-Abschied
Das Musical „Cats“ erlebt in Hamburg nach 15 erfolgreichen Jahren seine letzte Vorstellung. Bilanz: 6151 Aufführungen, insgesamt 6,2 Millionen Besucher. Der Abschied von „Cats“ läutet auch das Ende des Musical-Booms in Deutschland ein.

Leute

Becker muss büßen
Die Schlagzeilen jagen sich, und das Image des Tennislieblings der Nation erhält neue Beulen. Nachdem ihn seine Frau Barbara Richtung Miami verlassen hat, muss er dort vorm Scheidungsrichter aussagen und macht keine gute Figur. Die Scheidung wird schließlich – mit viel Geld für die Ex-Gattin – ausgesprochen. In London ergibt ein Test, dass Becker Vater eines unehelichen Kindes ist – gezeugt, wie von Zeitungen enthüllt, mit der Russin Angela Ermakowa in der Abstellkammer eines Londoner Hotels. Becker bekennt sich spät zu dem Kind und will „die Verantwortung“ übernehmen und „für die kleine Anna sorgen“. Bei der Abfindung ist von fünf Millionen Mark plus Wohnung für Mutter und Kind die Rede.

Daum-Beichte
Christoph Daum, Ex-Trainer von Bayer Leverkusen, gesteht in seiner Heimatstadt Köln vor der Presse, dass er Drogen genommen hat – seine Aussage kommt fast drei Monate nach einer positiven Haaranalyse und unmittelbar nach seiner überraschenden Rückkehr aus Florida, wohin er sich nach dem Skandal um seinen Kokainkonsum abgesetzt hatte.

Februar

Der 72-jährige Ariel Sharon, ein Falke und einst für harte Militäreinsätze verantwortlich, wurde nach hohem Wahlsieg neuer israelischer Ministerpräsident

Ausland

Sharon gewinnt

Mit überwältigender Mehrheit gewinnt in Israel der rechtsgerichtete Oppositionsführer Ariel Sharon – ein Hardliner, der beim Militär brutale Aktionen geleitet hat – die Wahl zum Ministerpräsidenten. Der 77-Jährige kommt auf 62,3 Prozent. Verlierer ist der amtierende Ehud Barak, er erreicht nur 37,7 Prozent und legt daraufhin den Vorsitz der Arbeiterpartei nieder. Der Triumph von Sharon, der eher im Ruch eines Araberfressers steht und bei seiner Parlamentsmehrheit von den radikalen Parteien der Siedler und Religiösen abhängig ist, lässt Befürchtungen für den ohnehin gefährdeten Friedensprozess aufkommen. Schon wenige Tage nach der Wahl kommt es zu einem schweren Anschlag. Ein palästinensischer Busfahrer steuert absichtlich in eine Gruppe wartender Soldaten und Zivilisten. Er tötet acht Menschen und verletzt 17. Zuvor war bei einem Raketenangriff des israelischen Militärs ein palästinensischer Sicherheitsbeamter ums Leben gekommen.

Tod durch U-Boot

Vor Hawaii versenkt das amerikanische Atom-U-Boot „USS Greeneville" aus Versehen das japanische Fischerei-Schulschiff „Ehime Maru", neun Besatzungsmitglieder ertrinken. Als Ursache für das Unglück wird Fahrlässigkeit am Sonargerät des Kriegsschiffs und Ablenkung durch Zivilisten an Bord vermutet.

Deutschland

Neonazis verurteilt

Der Neonazi Gunnar Doege, 24, bekommt vor dem Landgericht Stralsund wegen Mordes und gefährlicher Körperverletzung „lebenslänglich". Er hat im Juli 2000 mit Komplizen in Ahlbeck auf der Ostseeinsel Usedom einen 51-jährigen Obdachlosen auf den Treppen der Kirche zu Tode geprügelt. Vor Gericht gibt Doege als Motiv für die Tat an: „Asoziale" und „Drecksgesindel" hätten in Ahlbeck nichts zu suchen. Die drei Mittäter im Alter von 16 bis 19 werden in einem gesonderten Verfahren wegen gefährlicher Körperverletzung zu drei, acht und zwölf Jahren Haft verurteilt.

Neun Jahre für Klein

Ex-Terrorist Hans-Joachim Klein, 53, wird nach viermonatigem Prozess in Frankfurt am Main verurteilt: neun Jahre Haft für seine Beteiligung am Anschlag auf die Wiener Opec-Konferenz im Jahr 1975, bei dem drei Menschen erschossen worden waren. Der Staatsanwalt hatte 14 Jahre gefordert. Eine persönliche Beteiligung an den Morden ist Klein nicht nachzuweisen. Und das Gericht hält ihm die Kronzeugenregelung, mildernde Umstände, „Reue und auch Buße und Demut" zugute. Klein hatte sich nach seinem Ausstieg aus der Terrorszene 23 Jahre lang in Frankreich versteckt und war 1998 festgenommen worden. Bei dem Prozess sagte auch Außenminister Joschka Fischer, einst Straßenkampfgefährte von Klein, als Zeuge aus.

Sport

Durchs ewige Eis

Zwei Abenteurerinnen kehren erfolgreich vom Südpol

Zwei Frauen durchquerten erstmals auf Skiern die Antarktis

zurück. Als erste Frauen durchquerten die beiden Langlauf-Asse auf Skiern die Antarktis ohne fremde Hilfe. Sie waren supermodern ausgerüstet, unter anderem mit Laptops, und ließen sich zeitweilig mit einem Drachen vom Wind ziehen. Die Amerikanerin Ann Bancroft, 45 – von Haus aus Sportlehrerin –, und die Norwegerin Liv Arnesen, 47 – Studienabschlüsse u.a. in Literatur und Sport –, bereiteten sich zwei Jahre für ihren Trip vor. Beiden waren schon vorher an den Polen Rekordleistungen gelungen. Jetzt legten sie eine Strecke von etwa 2500 Kilometern zurück – bei bis zu minus 34 Grad und mit Anstiegen auf bis zu 1797 Meter. Sie benötigten dafür 97 Tage.

Schmitt triumphiert

Nach seinem Versagen bei der Vier-Schanzen-Tournee und im Weltcup kommt für Skiflieger Martin Schmitt, 23, bei der Nordischen Ski-Weltmeisterschaft im finnischen Lahti die Wende: Der Schwarzwälder durchbricht die Siegesserie des polnischen Wunderfliegers Adam Malysz und holt zweimal Gold, einmal Silber, einmal Bronze – und wird überragender Weltmeister. Seinen Schanzenrekord von 131 Metern schließt er mit einer gelungenen Telemark-Landung ab.

Umwelt

Die Erde bebt

Im mittelamerikanischen Staat El Salvador kommt es – genau einen Monat nach einem verheerenden Beben – zu neuen Erdstößen. Im Januar hatte es mehr als 800 Todesopfer gegeben, über 45 000 Menschen wurden verletzt. Durch rund 3000 Nachbeben wurden vor allem Kinder stark traumatisiert. Die neue Katastrophe fordert etwa 300 Tote und 3000 Verletzte. In manchen Orten stehen 70 bis 80 Prozent der Häuser nicht mehr, insgesamt wurden 35 000 Häuser zerstört oder beschädigt.

Neue Flut in Mosambik

Wieder ist Mosambik an der afrikanischen Ostküste, eines der ärmsten Länder der Erde, von einem gewaltigen Hochwasser betroffen – wie Meteorologen, Klima- und Katastrophenexperten voraussagten. Im Jahr zuvor, ebenfalls bei Beginn der Regenzeit im Februar, hatte es eine „Jahrhundertflut" mit 700 Toten gegeben. Die Zahl der Todesopfer – zwischen 50 und 100 – ist diesmal nur deshalb geringer, weil vor allem die dünn besiedelte Savanne betroffen ist, wo eine Fläche von der Größe Bayerns und Baden-Württembergs unter Wasser steht. Eine Ursache für die Überflutungen ist – neben den heftigen Regenfällen – die Tatsache, dass die Behörden Wasser aus dem Cabora-Bassa-Staudamm ablassen müssen, der überzulaufen droht. Hunderttausende Menschen sind in Gefahr, Tausende fliehen. Die Evakuierung ist schwierig, weil die Helfer anfangs nur über einen Hubschrauber und etwa 200 Boote verfügen. Die Hilfe scheitert vielerorts auch an der mangelnden Infrastruktur, vor allem im Verkehrs- und Kommunikationsnetz. Im benachbarten Malawi werden 350 000 durch die Flut obdachlos. Ein Ende der Regenfälle und Überflutungen ist nicht abzusehen.

Martin Schmitt wurde Weltmeister im Skispringen

Die zweite große Flut in zwei Jahren trieb in Mosambik Tausende in die Flucht

Englische Malaise

Nach der BSE-Krise wird Großbritannien erstmals seit 20 Jahren von der Maul- und Klauenseuche heimgesucht. Viehtransporte werden verboten. Massenschlachtungen beginnen. Apokalyptische Bilder – von brennenden Scheiterhaufen mit Kühen, von gewaltigen Rauchfahnen, die in die Landschaft wehen, und von Massengräbern, die mit Unmengen von Desinfektionsmitteln besprüht wurden – gehen in den folgenden Wochen um die Welt: Am Ende beläuft sich die Bilanz in Großbritannien auf rund 3,6 Millionen getötete Tiere. Der Erreger wird auch auf Europa übergreifen und dort zu weitreichenden Schutzmaßnahmen und Verboten führen, zu Ängsten in der Bevölkerung, einem weiteren Rückgang des Fleischkonsums – und zu dem Bestreben, eine grundlegende Wende in der Landwirtschaft und Tierhaltung zu erreichen.

Wissenschaft

Gen-Bilanz

Die Zahl der menschlichen Gene ist mit 26 000 bis 40 000 wesentlich kleiner als bisher angenommen: Das zeigen Genkarten zweier internationaler Forscherteams. Die Wissenschaftler des Human-Genom-Projekts und der amerikanischen Firma Celera Genomics veröffentlichen auf den Internetseiten der Wissenschaftsmagazine „Science" und „Nature" ihre Dateien zum menschlichen Erbgut.

Jurassic Park entdeckt

Einen etwa 150 Millionen Jahre alten Dinosaurier-Friedhof mit zahlreichen versteinerten Knochen finden Wissenschaftler in der argentinischen Provinz Chubut in Patagonien. Neben dem fast vollständigen Skelett eines Dinosauriers können die Forscher auch Versteinerungen von Schildkröten und Flugechsen ausgraben. Aus der Zeit des Mittleren Jura gibt es überhaupt erst drei Funde von Dinosaurierresten.

Kultur

Begehrte Grammys

Beim Grammy-Spektakel in Los Angeles, der Verleihung der begehrtesten amerikanischen Schallplatten-Auszeichnungen, bekommt der umstrittene Rapper Eminem, der Weiße ist, drei Preise. Ihm wurde häufig vorgeworfen, dass seine Texte frauen- und schwulenfeindlich sowie gewaltverherrlichend seien – doch bei der Gala gibt sich der 28-Jährige, dessen Alben in den USA millionenfach verkauft werden, harmoniebetont; Softpopstar Elton John singt mit ihm auf der Bühne ein Duett. Die irische Oldtimer-Rockband U2 erhält ebenfalls drei Auszeichnungen. In der Kategorie Klassik kassieren mehrere Deutsche wichtige Preise: die Berliner Symphoniker für ihre Einspielung von Gustav Mahlers Zehnter unter ihrem zukünftigen Chef Simon Rattle; Helmuth Rilling für Krzysztof Pendereckis „Credo" mit dem Oregon Bach Festival Chor und Orchester; Dietrich Fischer-Dieskau für eine Hauptrolle in der Aufnahme von Ferruccio Busonis „Doktor Faust".

März

Helmut Kohl wurde in der Schwarzgeldaffäre zu einer Geldbuße verurteilt. Davor hatte er vor einem Untersuchungsausschuss (Foto) aussagen müssen

Deutschland

Kohl muss zahlen

Das Ermittlungsverfahren gegen Altkanzler Helmut Kohl in der CDU-Parteispenden-Affäre wird eingestellt. Kohl wird nicht wegen des Verdachts der Untreue angeklagt, muss aber eine Geldbuße von 300 000 Mark zahlen, die zu einer Hälfte an die Mukoviszidose-Hilfe, zur anderen für die Ermittlungskosten an die Staatskasse gehen. Kohl akzeptiert - und gilt nach dieser Entscheidung, so die Gerichtssprecherin Richterin Susann Ulbert, rechtlich „weder als vorbestraft noch als schuldig". In dem Fall war 14 Monate lang ermittelt worden. Kohl hatte nach eigenem Eingeständnis zwischen 1993 und 1998 zwei Millionen Mark entgegengenommen und nicht ordnungsgemäß verbucht. Er weigerte sich immer hartnäckig, die Spender zu nennen - und brachte seine Partei in die größte Krise in ihrer Geschichte.

Rechtsradikalismus

Das Bundeskriminalamt verzeichnet in seinem Bericht für das zurückliegende Jahr 15 951 rechtsextremistische, fremdenfeindliche oder antisemitische Straftaten - ein Anstieg um 58,9 Prozent gegenüber 1999.

Ausland

Gewalt in Nahost

In Israel zündet ein palästinensischer Selbstmordattentäter mitten in einer wartenden Fußgängergruppe im belebten Stadtzentrum von Netanja eine Bombe. Mit ihm sterben drei Menschen, mehr als 60 werden zum Teil schwer verletzt. Bei weiteren Bombenanschlägen von Palästinensern finden zwei israelische Teenager den Tod. Israel reagiert mit Hubschrauberangriffen auf Hauptquartier und Ausbildungslager von Jassir Arafats Leibwache.

Familienkontakte

Getrennten Familien aus Süd- und Nordkorea wird erstmals seit fast einem halben Jahrhundert offiziell die Möglichkeit gegeben, Briefe auszutauschen. Jede Seite händigt am Grenzkontrollpunkt Panmunjon jeweils 300 Briefe aus. Den Familien ist zunächst noch nicht erlaubt, auf die Schreiben zu antworten. Etwa zehn Millionen Familien wurden durch die Teilung des Landes im Jahr 1945 und durch den Koreakrieg von 1950 bis1953 auseinandergerissen.

Brückeneinsturz

Eine baufällige Straßenbrücke in Portugal, die in Porto den Fluss Duouro überspannt, stürzt ein und reißt einen Reisebus und drei Personenwagen in die Tiefe - mehr als 60 Menschen kommen ums Leben. Der Bürgermeister eines Orts in der Nähe des Unglücks wirft der Regierung vor, dass seine Hinweise, die mehr als 100 Jahre alte Brücke sei in schlechtem Zustand, missachtet wurden.

Umwelt

Kampf gegen Castor

Mit einem Tag Verspätung erreicht ein Transport von sechs Castor-Behältern das Zwischenlager Gorleben. Der Zug, der aus La

Ein einbetonierter Castor-Gegner wurde wieder befreit

Hague/Frankreich mit 85 Tonnen hochradioaktivem Müll insgesamt 74 Stunden unterwegs war, wurde von einem Rekordaufgebot der Polizei abgeschirmt. Allein im niedersächsischen Wendland, wo der Protest am stärksten war, schützten rund 18 200 Polizeibeamte den Castor-Zug. Bundesweit waren etwa 30 000 Beamte im Einsatz. Seit der Ankunft des Transports in Lüneburg hatten Atomkraftgegner ihn mit zahlreichen Aktionen zu stoppen versucht, sie besetzten Gleise, versperrten Straßen und ketteten sich fest. In der Nähe des Ortes Süschendorf betonierten sich Mitglieder der Umweltgruppe Robin Wood an den Gleisen ein - der Bundesgrenzschutz benötigte 16 Stunden, um vier Demonstranten freizumeißeln.

Klimakiller USA

Die Amerikaner erklären das Kyoto-Abkommen zur Verringerung der Treibhausgase für tot. Der neue US-Präsident George W. Bush nimmt auch sein Wahlkampfversprechen zurück, den Ausstoß von Kohlendioxid amerikanischer Kraftwerke zu drosseln, um den Treibhauseffekt zu verringern. Er löst mit seiner Weigerung international massive Empörung aus. Auch Bundeskanzler Gerhard Schröder, der zu einem ersten Treffen mit Bush nach Washington reist, kann ihn nicht umstimmen. Die Vereinigten Staaten sind der Welt größter Energieverbraucher und Luftverschmutzer: 36 Prozent des weltweiten CO2-Ausstosses kommen aus den USA - zu den hauptsächlichen Verursachern gehören die Autos.

Bevölkerungsboom

Nach neuesten Schätzungen hat Indien jetzt mehr als eine Milliarde Einwohner.

Wirtschaft

Entschädigungen

Nach langem Hickhack und Monaten der Verzögerung ist die Bereitstellung von zehn Milliarden Mark für die Entschädigung ehemaliger Zwangsarbeiter in deutschen Firmen während des NS-Regimes gesichert. Vor einem Spitzengespräch mit Bundeskanzler Schröder garantieren Vertreter der deutschen Wirtschaft, die von ihr geforderte Summe von fünf Milliarden Mark zur Verfügung zu stellen.

Aktien-Abstürze

Die Aktie der Deutschen Telekom erlebt an der Frankfurter Börse einen erneuten tiefen Einbruch.Sie wird zeitweise unter 24 Euro gehandelt. Der Einstandskurs hatte 14,57 Euro betragen. Das Papier, von dem sich vor allem Kleinanleger nach vollmundigen Ankündigungen von Vorstandschef Ron Sommer eine goldene Zukunft versprochen hatten, kriselte schon länger. Im März 2000 hatte der Kurs zwar bei sensationellen 104 Euro gelegen, doch dann kam der Crash in Raten - und die Euphorie bei den Anlegern machte blankem Entsetzen Platz. Auch andere einst steil aufgestiegene Werte der Telekommunikationsbranche bewegten sich Richtung Abgrund. Kaum eine ihrer Aktien hat weniger als 70 Prozent ihres Höchstwertes verloren, nicht wenige sogar mehr als 90 Prozent. Und getroffen hat es nicht nur diese Branche, auch Zulieferer mit so klangvollen Namen wie Cisco, Nokia, Ericsson, Lucent oder Nortel sind tief abgestürzt.

Telekom-Chef Ron Sommer kam in Nöte, weil seine Aktie auf Talfahrt ging

Kultur

Kandidaten-Posse

Im immerwährenden Theater um die Nachfolge bei den Bayreuther Festspielen hat der Stiftungsrat eine paradoxe Entscheidung gefällt: Eva Wagner-Pasquier soll Nachfolgerin von Chef Wolfgang Wagner werden, der wiederum so lange wie möglich bleiben soll. Der widerspenstige Alte, den nicht einmal die bayerische Regierung zum Gehen bewegen konnte, hält von den künstlerischen Fähigkeiten seiner verstoßenen Tochter ebensowenig wie diese von den seinen.

Taliban zerstören Buddha-Statuen

Die über 90 Prozent von Afghanistan herrschenden radikalen Taliban kündigen die Zerstörung der Riesenbuddhas von Bamian an - und sprengen die Statuen. Die Religions- und Kunstdenkmäler, in einem Hochtal 130 Kilometer nordwestlich von Kabul gelegen, stammen aus vorislamischer Zeit: Sie gehörten - mit Hunderten von künstlichen kleinen Möchshöhlen - zu einer einst bedeutenden buddhistischen Klostersiedlung. Die Figuren, eine davon 53 Meter hoch, hatten die Raubzüge von Dschingis Khan und andere vandalistische Angriffe sowie Diebstähle und Witterungseinflüsse mit Schäden überdauert. Den Taliban waren sie als Zeichen der nichtislamischen Vergangenheit des Landes schon lange ein Dorn im Auge.

Oscars verliehen

Nach einem künstlerisch nicht sehr bedeutenden Jahr verleiht Hollywood die Oscars: Der aufwendige und mit viel Computer-Tricks hergestellte Altertums-Reißer „Gladiator“ wird fünffach ausgezeichnet, darunter als bester Film des Jahres - und ist damit erfolgreichster Gewinner. Russell Crowe, ein Newcomer-Star, der die Hauptrolle spielt, geht als bester männlicher Darsteller ins Ziel. Zur Schauspielerin des Jahres wird Julia Roberts für das Umwelt-Melodram „Erin Brockovich“ gekürt. Regie führte bei dem Werk Steven Soderbergh. Von ihm ist außerdem im Rennen der sozialkritische Drogen-Thriller „Traffic“, an den vier Oscars vergeben werden. Auch Deutschland wird bedacht. Den Oscar für den besten Kurzfilm erhält der 29-jährige Florian Gallenberger. „Quiero Ser“ (Ich möchte leben) über mexikanische Straßenkinder ist seine Abschlussarbeit an der Münchner Filmhochschule.

Russell Crowe gewann für seinen „Gladiator“ den Oscar

Mäuse-Fest

Um den 30. Geburtstag der „Sendung mit der Maus“ zu feiern, versammeln sich in der Kölner Innenstadt rund 650 000 Fans der unverwüstlichen orangebraunen Fernsehfigur. Und nicht nur die Drei- bis 13-Jährigen kommen: 40 Prozent dieser Altersgruppe gucken regelmäßig am Sonntagvormittag die „Maus“ - oft gemeinsam mit den Eltern.

April

Das beschädigte US-Aufklärungsflugzeug nach der Notlandung in Hainan. Es war mit einem chinesischen Kampfjet kollidiert, dessen Pilot dabei ums Leben kam

Ausland

Spionageflugzeug

Über dem Südchinesischen Meer stößt im internationalen Luftraum ein Aufklärungsflugzeug der US-Marine mit einem chinesischen Kampfflugzeug zusammen. Der chinesische Pilot kommt ums Leben. Die 24 amerikanischen Besatzungsmitglieder bleiben unverletzt, und es gelingt ihnen mit ihrem beschädigten Flugzeug eine Notlandung auf der südchinesischen Insel Hainan. Weil die amerikanische Regierung nur ihr Bedauern über den Tod des Piloten ausdrückt, aber keine förmliche Entschuldigung für den Zwischenfall abgeben will, werden die Beziehungen zwischen Washington und Peking frostig. Die Crew der amerikanischen Maschine wird von den Chinesen festgehalten und darf erst nach elf Tagen ausfliegen. Zur Rückgabe des notgelandeten Militärflugzeugs, in dem sich modernste Elektronik und geheime Aufklärungstechnologie befinden, kommt es erst Anfang Juli – die wochenlangen diplomatischen Kontroversen zwischen den beiden Mächten weichen danach einer neuen Annäherung.

Aids-Notstand in Südafrika

Tausende Aids-Aktivisten in Südafrika versammeln sich vor dem Obersten Gerichtshof in Pretoria, um ihre Solidarität mit der Regierung zu bekunden. Die fordert, billige Medikamente zur Behandlung von Aids und anderen Krankheiten importieren oder als so genannte Generika im eigenen Land herstellen zu dürfen. Dagegen haben 39 internationale Pharmakonzerne geklagt, darunter auch sieben deutsche Unternehmen. Die Arzneimittelindustrie warf Südafrika vor, ihre Patentrechte zu verletzen. Mit der Klage lösten die Konzerne in der ganzen Welt Empörung aus. Kritiker warfen ihnen vor, ihre Patentrechte in Entwicklungsländern aus Profitgier auszunutzen. Durch Vermittlung von UN-Generalsekretär Kofi Annan kommt noch im April eine außergerichtliche Einigung zustande, in der sich Pretoria und die Industrie über ein gemeinsames Vorgehen gegen die Krankheit verständigen. Eine Folge sind radikale Preissenkungen bis zu 80 Prozent – doch selbst diese Preise liegen noch weit über den finanziellen Möglichkeiten der meisten Menschen. Die Regierung Südafrikas hat andererseits jahrelang versäumt, auf die sich anbahnende Aids-Krise in ihrem Land angemessen zu reagieren. Nirgendwo sonst breitet sich das Virus so schnell aus. 1700 Südafrikaner infizieren sich nach Schätzungen des Gesundheitsministeriums jeden Tag. Die Zahl der Infizierten wird inzwischen auf 4,7 Millionen geschätzt. Hauptsächlich betroffen sind die sexuell aktivsten Südafrikaner im Alter zwischen 15 und 30 Jahren. Die Deutsche Stiftung Weltbevölkerung rechnet damit, dass fast die Hälfte der heute 15-Jährigen den Folgen von Aids zum Opfer fallen wird.

Sterbehilfe

In den Niederlanden gibt es eine Neufassung der schon seit 1994 geltenden Sterbehilferegelung, insbesondere

Demonstration in Südafrika für billigere Aids-Medikamente

werden neue ausführliche Sorgfaltskriterien hinzugefügt. Zwar bleiben im Gesetz aktive Sterbehilfe und Beihilfe zum Selbstmord weiterhin strafbar, sie werden aber unter bestimmten Bedingungen entkriminalisiert. Damit sind die Niederlande der erste Staat, der die Tötung auf Verlangen dann möglich macht, wenn der Arzt unter anderem zu der Überzeugung gelangt ist, dass der Patient „aussichtslos“ und „unerträglich“ leidet und es in seinem Krankheitsstadium „keine angemessene andere Lösung“ mehr gibt. In Deutschland wird dieser Schritt von Kardinal Karl Lehmann als „Dammbruch“ kritisiert. Bundesjustizministerin Herta Däubler-Gmelin erklärt, dass das niederländische Beispiel kein Modell für Deutschland sein könne.

Diktator festgenommen

26 Stunden benötigen die Behörden in Belgrad, um den früheren jugoslawischen Präsidenten Slobodan Milošević in seiner Residenz verhaften zu können. Der Festnahme geht eine Nacht-und-Nebel-Aktion mit Schießereien zwischen Miloševićs Leibgarde und serbischer Spezialpolizei voraus. Der Ex-Diktator landet in Untersuchungshaft und soll wegen Korruption und Amtsmissbrauchs angeklagt werden. Es verstärkt sich aber der internationale Druck, ihn an das UN-Kriegsverbrechertribunal in Den Haag auszuliefern – was jedoch erst Ende Juni erfolgt.

Vietnam-Taten

Enthüllungen lassen in den USA alte Vietnam-Wunden aufbrechen und bringen den ehemaligen Senator und Ex-Präsidentschaftskandidaten Bob Kerrey – für die Amerikaner bislang ein Kriegsheld und Medienliebling – in Erklärungsnot. Er muss zugeben, 1969 in Südvietnam als Leiter eines Spezialkommandos einen mörderischen Einsatz angeführt zu haben: Dabei sind in einem Bauerndorf mindestens 13 unbewaffnete Zivilisten getötet worden – zum Teil in einer Weise, die einer Hinrichtung gleichkam.

Deutschland

Million gefunden

Walther Leisler Kiep – bei der CDU viele Jahre als Schatzmeister tätig und lange Zeit, so die „Süddeutsche Zeitung“, Helmut Kohls „wunderbarer Geldbeschaffer“ – entdeckt plötzlich auf einem seiner Konten eine rätselhafte Million. Der ehemalige CDU-Kassenwart, dessen Privatvermögen zwischen 70 und 100 Millionen liegen soll, erklärt in einem Brief an CDU-Geschäftsführer Willi Hausmann, der Betrag gehöre nicht ihm und müsse wohl Eigentum der Partei sein. Er überweist das Geld der CDU.

Neue Armut

Alarmierende Zeichen finden Kirchen, Sozialverbände und Politiker in dem erstmals vorgelegten Armuts- und Reichtumsbericht der Bundesregierung. Erfasst wird hauptsächlich der Zeitraum von Anfang der 80er Jahre bis 1998. Die Kluft zwischen Arm und Reich hat sich vor allem bei den Einkommen weiter vergrößert. Im Westen sind 42 Prozent des Privatvermögens im Besitz von zehn Prozent der Bevölkerung, im Osten sind es sogar 48 Prozent. Und etwa die Hälfte der Bevölkerung muss sich mit insgesamt 4,5 Prozent Anteil am Gesamtvermögen der Deutschen von rund 8,2 Billionen Mark bescheiden. Die Zahl der Millionäre stieg 1998 auf etwa 1,5 Millionen, knapp drei Millionen Menschen lebten dagegen von Sozialhilfe.

Zehn Millionen für Waltraud Kretschmann (mit Ehemann) in Günther Jauchs SKL-Show

Kiep fand plötzlich eine Million auf einem seiner Konten

Drogen-Spirale

Die Zahl jugendlicher Drogenkonsumenten ist nach einem Bericht der Regierung stark gestiegen – auf den höchsten Stand seit 1992. Die Bundesbeauftragte Marion Caspers-Merk von der SPD führt dies unter anderem auf die so genannte Spaßkultur zurück. Laut dem Bericht sterben die meisten jungen Menschen an Alkohol- und Nikotinmissbrauch.

Kultur

Der Kanzler zieht in seinen Kubus

Gerhard Schröder nimmt die Arbeit im neuen Kanzleramt in Berlin auf . „Das Ende der Bescheidenheit“, befand die „Frankfurter Allgemeine“ über den unter Helmut Kohl konzipierten Bau, mit dem sich sein Nachfolger nicht so recht anfreunden will. Die Berliner nennen den riesigen Kanzler-Kubus einfach „Die Waschmaschine“. Dreieinhalb Jahre dauerten die Bauarbeiten, in denen die Kosten dramatisch stiegen: Ursprünglich hatte die Bundesregierung 250 Millionen Mark veranschlagt. Die Architekten Axel Schultes und Charlotte Frank kalkulierten dann 550 Millionen. Der Haushaltsausschuss bewilligte 399. Jetzt stehen auf der Endrechnung 465 Millionen – vorläufig.

Triumph mit Wagner

Der komplette „Ring“ an vier Tagen hintereinander – 16 Stunden insgesamt: so, wie es Richard Wagner wollte. Mit diesem Wagnis gelingt dem Theater im thüringischen Meiningen nicht nur ein logistischer, sondern auch künstlerischer Triumph: Die Inszenierung unter der Leitung von Christine Mielitz stattete der österreichische Künstler Alfred Hrdlicka aus. Geprobt wurde zwei Jahre lang. 150 Orchesterproben hielt der junge russische Spitzendirigent Kirill Petrenko ab. Die Stadt Meiningen mit ihren 25 000 Einwohnern ist bekannt für ihre oft unkonventionellen Theaterleistungen.

Leute

Supergewinn im Fernsehen

In der von Günther Jauch moderierten neuen SKL-Show, die rund neun Millionen Fernsehzuschauer sehen und die im Oktober fortgesetzt wurde, gewinnt Waltraud Kretschmann zehn Millionen Mark. Der Preis aus den Töpfen der Süddeutschen Klassenlotterie ist der höchste Gewinn, den es bisher in einer deutschen TV-Sendung gab. Die Gewinnerin, eine 47-jährige ehemalige Schreibkraft aus einem Ort in der Schwäbischen Alb, ist Mutter von zwei Töchtern, die regelmäßiger ärztlicher Betreuung bedürfen. Trotz des Geldsegens üben sich die von den Medien bestürmten Kretschmanns in Bescheidenheit.

Mai

Die Piloten der Lufthansa streiken zum ersten Mal in der Geschichte der Linie. Sie fordern eine Gehaltserhöhung von 30 Prozent – und legen den Flugbetrieb lahm

Deutschland

Lufthansa am Boden

Der erste Piloten-Streik in der Geschichte der Lufthansa führt auf allen deutschen Flughäfen zu erheblichen Problemen und Verspätungen. Nach Angaben des Unternehmens fällt jeder dritte Flug aus oder ist verspätet – betroffen sind täglich rund 350 von geplanten 1130 Flügen – an einem Tag werden sogar 900 Flüge gestrichen. Die Piloten fordern massive Gehaltserhöhungen und Gewinnbeteiligungen: Nach weiteren Streiktagen und wochenlangen schwierigen Verhandlungen setzen sie sich im Juni letztlich durch. Sie erhalten fast ein Drittel mehr Lohn und Gehalt nach einem Stufenplan. Darauf einigen sich die Lufthansa und die Vereinigung Cockpit, die Gewerkschaft der Piloten, in einer Schlichtungsrunde unter Führung des ehemaligen Bundesaußenministers Hans-Dietrich Genscher. Er sieht sich zu der Klarstellung genötigt: „Der Schlichtungsspruch ist ein einmaliges Ereignis, das sich nach Form und Inhalt jeder Wiederholung entzieht." Es sei hauptsächlich darum gegangen, weiteren Schaden vom Unternehmen und vom Standort Deutschland abzuwenden.

Westerwelle kommt

Guido Westerwelle, 39, wird auf dem Bundesparteitag der FDP in Düsseldorf zum neuen Parteivorsitzenden gewählt – mit 572 von 642 abgegebenen Stimmen. Er löst damit Wolfgang Gerhardt ab, der sechs Jahre das Amt innehatte und sich künftig auf den Fraktionsvorsitz im Bundestag beschränkt. Neue FDP-Generalsekretärin wird Cornelia Pieper. Der nordrhein-westfälische Landeschef Jürgen Möllemann rückt als einer der drei Stellvertreter Westerwelles neu in den engeren Führungszirkel auf.

Guter Rat

Auf Initiative von Bundeskanzler Gerhard Schröder beschließt das Kabinett, einen „Nationalen Ethikrat" ins Leben zu rufen. 25 Persönlichkeiten aus der Wissenschaft und dem öffentlichen Leben sollen sich mit den ethischen und moralischen Fragen befassen, die bei der Weiterentwicklung der Bio- und Gentechnologie entstehen. Der Rat soll die Regierung bei der Meinungsbildung unterstützen.

Ausland

Berlusconi wieder da

Als überlegener Sieger geht Silvio Berlusconi aus den italienischen Parlamentswahlen hervor und feiert damit sein politisches Comeback. Er war schon 1994 für sieben Monate Regierungschef gewesen. Der 64-jährige Medienunternehmer, Allround-Geschäftsmann und Milliardär – Italiens reichster Mann – ist nicht nur umstritten wegen seiner Bündnisse mit Populisten und Neofaschisten. Er gilt auch als führender Strippenzieher und Jongleur im italienischen Wirtschaftsdschungel – und ihm werden ebenso weitreichende wie undurchsichtige internationale Transaktionen zugeschrieben. Er steckt außerdem tief in juristischen Auseinandersetzungen, die sein Geschäftsgebaren betreffen; es gibt sogar Vorwürfe, dass seine Firmen Beziehungen zur Mafia pflegen. Nach

Silvio Berlusconi siegt bei den Parlamentswahlen in Italien

dem Vertrauensbeweis, den ihm die Italiener jetzt bei den Wahlen erbracht haben, kann er sich in beiden Parlamentskammern in Rom auf eine satte Mehrheit stützen.

Gewalt in Nahost

In der israelischen Küstenstadt Netanja am Mittelmeer sprengt sich am 18. Mai zur Mittagszeit ein palästinensischer Selbstmordattentäter in die Luft. Er reißt sechs Israelis mit in den Tod. Es gibt mehr als hundert Verletzte; darunter auch Kinder. Dem Mann war von Sicherheitsbeamten der Zugang zu einem Einkaufszentrum verwehrt worden – daraufhin zündete er den Sprengstoff, den er vermutlich auf dem Rücken und am Bauch trug. Der militärische Arm der islamistischen Palästinenserorganisation Hamas bekennt sich im Rundfunk zu dem Attentat. Zur Vergeltung greift Israel erstmals seit dem Sechs-Tage-Krieg 1967 mit Kampfflugzeugen vom Typ F-16 Polizeigebäude im Westjordanland an. Später fliegen auch Kampfhubschrauber Einsätze. In den Palästinensergebieten gibt es zahlreiche Tote und Verletzte.

Mal auf der Brust

In Afghanistan verordnen die Taliban, dass die Hindu- und Sikh-Minderheit – mehrere tausend Menschen – ein gelbes Kennzeichen auf der Brust trägt. Dies geschehe, so die Begründung der Gotteskrieger, auf Wunsch der Betroffenen, damit sie nicht mehr von der Religionspolizei wegen anderer Sitten belästigt werden.

Sibirien in Not

Sibirien entgeht knapp einer großen Katastrophe. Der extrem harte Winter hat dazu geführt, dass sich auf dem Strom Lena riesige Eismassen bilden, die das Wasser aufstauen. Dynamit und Bomben aus der Luft werden gegen das Eis eingesetzt – doch zunächst vergebens. Nachdem mehrere Städte bereits überschwemmt wurden, ist auch die Großstadt Jakutsk von einer Flutwelle bedroht. Erst in letzter Minute gelingt es Zivilschützern doch noch, durch Sprengungen zwei Eisstaus in der Nähe der Stadt aufzulösen.

Der Papst unterwegs

Als erster Papst seit der Kirchenspaltung 1054 reist Johannes Paul II. nach Griechenland. Zuvor haben zahlreiche orthodoxe Priester gegen seinen einen Tag dauernden Besuch protestiert. Der Papst entschuldigt sich in Athen für die Verbrechen, die Katholiken an orthodoxen Christen begangen haben. Er trifft auch mit dem Oberhaupt der griechisch-orthodoxen Kirche, Erzbischof Christodoulos, zusammen. Johannes Paul II. reist weiter nach Syrien, wo er in einer historischen Geste als erster Papst überhaupt eine Moschee betritt und gemeinsam mit Muslimen betet.

Kultur

Millionen für einen Expressionisten

Für 22,6 Millionen Dollar – umgerechnet etwa 49,8 Millionen Mark – wird in New York das großformatige „Selbstbildnis mit Horn" von Max Beckmann versteigert – das „teuerste deutsche Gemälde" aller Zeiten, stellt dazu das Auktionshaus Sotheby's fest, das den Zuschlag an einen New Yorker Galeristen gab. Beckmann malte das Werk 1938. Es gilt als besonders wichtig in seiner künstlerischen Biografie – als ein Schlüsselwerk, so die „Frankfurter Allgemeine", des „zum Bild geronnenen Widerstands gegen Gewaltherrschaft". Das Gemälde wird zukünftig einen Platz in der „Neuen Galerie" an der Fifth Avenue in New York haben. Dieses im November eröffnete, mit privaten Leihgaben ausgestattete Museum ist deutschen und österreichischen Werken vor allem des Expressionismus gewidmet.

Auktionsrekord für Max Beckmanns „Mann mit Horn"

Tramp-Roman erzielt Auktionsrekord

Das Originalmanuskript des Beatnik-Romans „On the Road" (Unterwegs) von Jack Kerouac erzielt bei einer Versteigerung von Christie's in New York 2,4 Millionen Dollar, umgerechnet etwa 5,5 Millionen Mark – laut Auktionshaus der höchste Preis, der je für ein Buchmanuskript bezahlt wurde. Das Werk veröffentlichte der durch ganz Nordamerika und Mexiko trampende Kerouac 1957 mit 35; zwölf Jahre später starb der Autor. Sein Text wurde zum Schlüsselroman und Kultbuch der modernen amerikanischen Literatur und ein Dauerseller – mit allein mehr als 300 000 verkauften Taschenbuchexemplaren in Deutschland. Das ungewöhnliche Manuskript, das in den Besitz des Multimillionärs Jim Irsay übergeht, besteht aus einer mehr als 36 Meter langen, mit Klebestreifen zusammengehaltenen Rolle von mit Schreibmaschine betippten Blättern, die zum Teil stark lädiert sind.

Sport

Erst durch ein Tor in der Nachspielzeit wird Bayern München erneut Deutscher Meister

Bayern im Glück

Am letzten Spieltag einer hochdramatischen Bundesliga-Saison sichert sich Bayern München erneut die Deutsche Meisterschaft. Die Süddeutschen liegen im letzten und alles entscheidenden Match gegen den Hamburger SV 0:1 zurück – und gewinnen dann die Meisterschale durch ein Ausgleichstor, das erst in der Nachspielzeit gelingt, in der 94. Minute. Die Bayern triumphieren so mit nur einem Punkt Vorsprung über Pechvogel Schalke 04, dessen Mannschaft sich für Minuten schon im Besitz der Meisterschaft geglaubt hatte. Ein paar Tage darauf gewinnt Bayern München in Mailand das Finale der Champions League durch einen Sieg im Elfmeterschießen gegen den FC Valencia.

Gefangen im Berg

70 Stunden lang sind acht Schweizer Abenteurer in einer überfluteten Höhle im französischen Jura eingeschlossen. Die fünf Männer und drei Frauen im Alter zwischen 20 und 30 Jahren wurden von einem plötzlichen Wasseranstieg überrascht. Der Führerin, einer erfahrenen Höhlenforscherin, gelingt es, die Gruppe in einer trockenen „Fluchthöhle" vorläufig in Sicherheit zu bringen. In einer aufwendigen Aktion, bei der sich 200 Feuerwehrleute, Taucher und Polizisten beteiligen und das Fernsehen live dabei ist, werden alle in guter Verfassung geborgen.

Juni

Tony Blair wird von den Briten mit großer Mehrheit als Premier wiedergewählt. Nach dem Sieg zeigt er sich mit seiner Familie vor seinem Amtssitz in London

Deutschland

Berliner Neuanfang

SPD und Grüne im Berliner Abgeordnetenhaus bringen mit Erfolg einen Misstrauensantrag gegen den Regierenden Bürgermeister Eberhard Diepgen ein. Der CDU-Mann, 59, der Gesamtberlin zehn Jahre lang regiert hat, wird abgewählt. Den rot-grünen Übergangssenat leitet der Fraktionsvorsitzende der SPD, Klaus Wowereit. Der 47-Jährige, als fünftes Kind einer alleinstehenden Putzfrau geboren, war bislang als kommunalpolitisches Talent hervorgetreten. Sein Weg durch die SPD-Kreisverbände und die Verwaltungen der Bezirke hat ihn zum Experten für die so genannte Detailpolitik gemacht. Zum Wechsel kam es wegen zahlreicher Skandale und Krisen, durch die Berlin an den Rand des wirtschaftlichen und politischen Bankrotts geriet. Diepgen, im Volksmund „Der blasse Eberhard" geheißen, wird dafür verantwortlich gemacht, dass die von einem allgegenwärtigen Filz durchzogene Hauptstadt aufgrund jahrelanger Misswirtschaft eine marode Landesbank und außerdem ein gigantisches Haushaltsdefizit hat. Und Diepgen steht auch für eine Berliner CDU, deren zweitwichtigster Politiker, Klaus Landowsky, Parteispenden „gegen alle Regeln und jeden Instinkt", so die „FAZ", in seinem Büro in der Landesbank angenommen hat. Im Herbst werden Neuwahlen in Berlin stattfinden.

Schwarz-grünes Debüt und rotes Ärgernis

In Saarbrücken regiert zum ersten Mal in einer Landeshauptstadt ein schwarz-grünes Bündnis. Kuriosum: Der im Februar durch eine Direktwahl im Amt bestätigte Oberbürgermeister Hans-Joachim Hoffmann von der SPD will im Amt bleiben. Die Koalition fordert seinen Rücktritt, nicht zuletzt, weil ihm Untreue im Amt in drei Fällen vorgeworfen wird und deswegen die Staatsanwaltschaft gegen ihn ermittelt. Seine eigene Partei fordert ihn öffentlich auf zu gehen. Hoffmann will seine Unschuld in einem Gerichtsverfahren beweisen, das erst im Oktober beginnt und bis ins Jahr 2002 andauern wird.

Schröder will Mazedonien-Einsatz

Vor dem Hintergrund des eskalierenden Konflikts in Mazedonien hat Bundeskanzler Gerhard Schröder klargestellt, dass sich Deutschland einem etwaigen Nato-Einsatz dort nicht entziehen könne und werde. Die Nato bietet Mazedonien an, bei der Entwaffnung albanischer Rebellen zu helfen und dafür 3000 Soldaten einzusetzen.

In Berlin wird Diepgen (l.) von Wowereit, SPD, abgelöst

Ausland

Briten sind für Blair

In Großbritannien gewinnt Tony Blair mit großem Vorsprung die Unterhauswahlen und bleibt Regierungschef. Er erringt den Sieg, obwohl es seiner Regierung nicht gelungen ist, viele innenpolitische Probleme des Landes in den Griff zu bekommen – wie die teilweise verheerenden Zustände im Gesundheits- und Sozialwesen.

Am Rand eines Krieges

Schwerster Terroranschlag in Israel seit vier Jahren: Ein palästinensischer Selbstmordattentäter sprengt sich vor einer Discothek am Strand von Tel Aviv in die Luft – inmitten der auf Einlass wartenden Besucher – und reißt etwa 20 junge Israelis mit in den Tod; rund 120 werden zum Teil schwer verletzt. Zu dem Anschlag bekennt sich die Hamas-Bewegung. Das Attentat bringt den Nahen Osten an den Rand eines Krieges. Israelische F-16-Bomber stehen bereit, um Ziele im Autonomie-Gebiet der Palästinenser anzugreifen. Zufällig hält sich der deutsche Außenminister Joschka Fischer gerade in Tel Aviv auf – er hört sogar in seinem Hotel die Explosion, die der Attentäter auslöst. Fischer gelingt es, zwischen Israel und den Palästinensern zu vermitteln. Er ringt Jassir Arafat die Verkündung einer Waffenruhe ab, worauf Israels Ministerpräsident Ariel Sharon auf den geplanten Gegenschlag verzichtet.

Straßenschlachten in Göteborg

Während des EU-Gipfels in Göteborg kommt es zu schweren Krawallen und Straßenschlachten zwischen Demonstranten und Polizei. Es gibt mehrere hundert Festnahmen. Die Polizei gibt Schüsse ab und verletzt drei Personen. Radikale Protestler verbrennen Barrikaden und verwüsten eine Einkaufsstraße im Zentrum. Die Ereignisse hinterlassen bei den Schweden einen tiefen Schock.

McVeigh hingerichtet

Sechs Jahre nach dem Bombenanschlag von Oklahoma City, bei dem 168 Menschen starben, wird Täter Timothy McVeigh durch eine Giftinjektion hingerichtet.

Massaker in Nepal

Im Palast von Katmandu erschießt der nepalesische Thronfolger seine Eltern, König Birendra und Königin Aishwarya, sowie sieben weitere Verwandte. Anschließend richtet er die Waffe gegen sich selbst und stirbt Tage später.

Mord-Schwestern vor Gericht

Zwei katholische Ordensschwestern gehören zu den Angeklagten, die sich vor einem belgischen Gericht wegen Verbrechen in Ruanda verantworten müssen – sieben Jahre nach dem großen Morden in dem kleinen zentralafrikanischen Land. Hunderttausende waren grausam getötet worden, vor allem Angehörige der Tutsi-Minderheit durch aufgeputschte Hutu. Die beiden Ordensschwestern Maria Kisito, 36, und Gertrude Mukangango, 42, werden von den Geschworenen für schuldig befunden: Es wird ihnen zur Last gelegt, Hunderte von Tutsi, die in ihrem Kloster in Sovu Zuflucht suchten, an Hutu-Milizen ausgeliefert zu haben und dabei auch an der Tötung der Wehrlosen beteiligt gewesen zu sein. Schwester Maria wird zu zwölf Jahren, Schwester Gertrude zu 15 Jahren verurteilt. Wegen Völkermordes angeklagt sind in dem Verfahren auch der Universitätsprofessor Vincent Ntezimana, 39, sowie der frühere Minister und Unternehmer Alphonse Higaniro, 51. Sie erhalten zwölf beziehungsweise 20 Jahre Haft. Der Prozess, bei dem fast 200 Zeugen zu Wort kamen, dauerte acht Wochen.

Hohe Haftstrafen für Gertrude und Maria, die „Killernonnen" von Ruanda

Wissenschaft

Herzmuskel kann sich regenerieren

Der Herzmuskel besitzt offenbar auch im Erwachsenenalter noch die Fähigkeit, sich zu erneuern. Diesen Schluss legen die Erkenntnisse amerikanischer und italienischer Ärzte um Antonio Beltrami vom New York Medical College nahe. Schon früher haben die Wissenschaftler beobachtet, dass sich die Herzmuskelzellen (Kardiomyozyten) Erwachsener unter bestimmten Umständen noch teilen können. Welche Bedeutung der Entdeckung zukommt, lässt sich bislang noch nicht beurteilen. Die Vermehrung der Zellen scheint jedenfalls nicht auszureichen, um den durch einen Infarkt hervorgerufenen Kräfteschwund des Herzens zu verhindern.

Der Vulkan Mayon auf den Philippinen bricht wieder aus

Umwelt

Unruhiger Berg

Mehr als 60 000 Menschen fliehen im Südosten der philippinischen Insel Luzon vor den heißen Ascheströmen des Vulkans Mayon. Der 2462 Meter hohe Berg ist einer der aktivsten der 22 Vulkane auf den Philippinen. Seit dem Jahr 1616 ist er mindestens 46-mal ausgebrochen, zuletzt vor 16 Monaten.

Kultur

Im Tal der Könige

Ein deutsch-ägyptisches Team hat die lange vergessene Gruft des Pharao Nub-Cheper-Re Intef gefunden. Die zum Großteil zerstörte Stätte liegt am Eingang zum Tal der Könige. Grabungsleiter Daniel Polz, der bereits seit zehn Jahren in der Nekropole von Theben gräbt, nimmt an, dass sich die eigentliche Grabkammer tief unter der Erde befindet. Dorthin soll in einigen Monaten weitergegraben werden. Die Archäologen erwarten aber nicht, die Mumie zu finden. Der mit Blattgold überzogene Holzsarg des Pharao wurde bereits 1827 von Einheimischen geraubt. Heute steht das Prunkobjekt – allerdings leer – im Britischen Museum in London. Man vermutet, dass die Mumie beim Öffnen des Sarges zerfallen ist. Dennoch könnte die Grabkammer den Archäologen wichtige Aufschlüsse über die religiösen Praktiken der 17. Dynastie (etwa 1560 bis 1552 vor Christus) geben.

Turm gerettet

Der schiefe Turm von Pisa, der vor elf Jahren wegen Einsturzgefahr geschlossen werden musste, ist wieder stabil – und das Bauwerk, dessen Schräglage 4,5 Meter betrug, ist um wichtige 44 Zentimeter gerader geworden. Experten gelang die Rettung in einer komplizierten und riskanten Operation, die acht Jahre dauerte. Zum Jahresende wird der Turm auch wieder für die Öffentlichkeit freigegeben.

Von der Fatwa erlöst

Der britisch-indische Schriftsteller Salman Rushdie kann aufatmen: Der reformerische iranische Staatspräsident Khatami erklärt seinen Fall für „beendet". Gegen Rushdie war 1989 vom damaligen Machthaber im Iran, Ayatollah Khomeini, wegen Gotteslästerung eine Fatwa ausgesprochen worden – die Aufforderung an jeden Muslim, den Autor zu töten. Ein Übersetzer Rushdies fiel dem Bann zum Opfer. Der Schriftsteller musste wegen seines Romans „Die satanischen Verse", in dem er Mohammed und den Koran satirisch darstellt und Muslime in Slapstick-Situationen schildert, um sein Leben fürchten. Das Buch wurde ein Weltbestseller.

Juli

Chinesen feiern vor ihrer Botschaft in Moskau, dass 2008 in Peking die Olympischen Sommerspiele stattfinden werden. Die IOC-Entscheidung war nicht unumstritten

Ausland

Gewalt und Gegengewalt

Israel und Palästina kommen nicht zur Ruhe. Der Monat beginnt – kurz nach den Vereinbarungen für eine Feuerpause – mit Schießereien, Attentaten und bewaffneten Angriffen. Auf beiden Seiten gibt es mehrere Tote. In der Mitte des Monats verübt ein 20-jähriger Palästinenser ein Selbstmordattentat vor einem Bahnhof in Binjamina. Bei dem Anschlag sterben der Attentäter und zwei junge israelische Soldaten. Es gibt mehrere Verletzte. Auftraggeber der Tat ist nach eigenem Bekenntnis der Islamische Dschihad – man wollte die Entführung eines ranghohen Mitglieds der Organisation durch israelische Soldaten rächen. Zur Vergeltung beschießt die israelische Armee mit Panzern Polizeistationen in zwei Autonomiestädten. Palästinenser feuern zum zweiten Mal in diesem Monat Mörsergranaten auf jüdische Siedlungen im Gazastreifen. Israelische Kampfhubschrauber greifen Ziele in Bethlehem an und töten dabei vier Mitglieder der radikal-islamischen Hamas. Mehrere Menschen werden verletzt. Die israelische Armee bezeichnet den Angriff als Präventivschlag – zur Abwendung eines geplanten Bombenanschlags der Hamas in Jerusalem. Eine Woche später beschießen israelische Soldaten im Westjordanland das Auto eines Hamas-Führers und töten ihn. Der Monat endet damit, dass israelische Polizei den Tempelberg in Jerusalem stürmt. Palästinenser haben von dort aus Betende an der Klagemauer mit Steinen beworfen. Zu der Eskalation ist es durch eine radikale jüdische Gruppe gekommen, die einen symbolischen Grundstein für einen neuen Tempel legte. Mit Plakaten „Der Tempelberg ist unser" zog sie um das Plateau, das sowohl Juden als auch Muslimen heilig ist. Palästinensische Politiker und arabische Regierungen protestierten gegen den Plan dieser „Getreuen des Tempelbergs". Und die palästinensische Fatah-Organisation, die Jassir Arafat untersteht, sprach von einem „Tag des Zorns".

Spiele für China

Peking erhält vom Internationalen Olympischen Komitee den Zuschlag, im Jahr 2008 die Olympischen Sommerspiele auszurichten. Gegen die Nominierung gab es Proteste wegen chinesischer Menschenrechtsverletzungen und der negativen Umweltbilanz des Landes.

Der Diktator schweigt

Jugoslawiens Ex-Präsident Slobodan Milošević verweigert bei der ersten Anhörung vor dem UN-Kriegsverbrechertribunal in Den Haag jede Aussage. Er soll dort wegen Kriegsverbrechen und Verbrechen gegen die Menschlichkeit angeklagt werden.

Deutschland

Der Fall Joseph und Sebnitz

Die Ermittlungen zum Tod des kleinen Joseph aus dem sächsischen Sebnitz werden eingestellt. Das Kind war im Sommer 1997 unter mysteriösen Umständen in einem Schwimmbad des Ortes ums Leben gekommen. Der Fall erhielt wieder Aktualität durch Aktivitäten vor al-

Der kleine Joseph aus Sebnitz mit Mutter und Schwester

lem der Mutter, Renate Kantelberg-Abdulla: Sie vertrat die feste Überzeugung, das Kind sei Opfer einer rassistischen Gewalttat von Rechtsradikalen geworden. Ein Teil der Medien griff diese Mutmaßung auf und machte daraus einen spektakulären Fall, der der Stadt, in der es eine rechtsradikale Szene gibt, wochenlang negative Schlagzeilen einbrachte. Sogar Politiker solidarisierten sich eilends mit der Mutter und übernahmen ungeprüft ihren Verdacht. Die Staatsanwaltschaft Dresden und einige kritische Journalisten kamen jedoch zu einer anderen Einschätzung des Tathergangs. Renate Kantelberg-Abdulla, die nicht an einen Badeunfall glauben wollte, wird verdächtigt, einige Zeugen zu falschen Aussagen angestiftet zu haben. Die „Bild"-Zeitung entschuldigt sich auf der Titelseite für ihre falsche Darstellung des Falls.

Wirtschaft

Genua im Belagerungszustand

Wie erwartet wird das Gipfeltreffen der sieben führenden Industrieländer und Russlands (G8) in Genua von massiven Demonstrationen begleitet. Die Stadt gleicht einer Festung; die meisten der Staats- und Regierungschefs werden auf einem sicheren Kreuzfahrtschiff im Hafen untergebracht. Insgesamt sind rund 15 000 Polizisten und Soldaten im Einsatz, der monatelang vorbereitet wurde. Die Zahl der anfangs überwiegend friedlichen Globalisierungsgegner wird auf 150 000 geschätzt. Bei den schweren Krawallen, zu denen es dann durch Militante und Polizeiübergriffe kommt, wird ein 23-jähriger Demonstrant von einem 20-jährigen Uniformierten erschossen. Hunderte werden verletzt, fast 300 inhaftiert. Das Vorgehen der Behörden wird anschließend in den italienischen Medien und von internationalen Beobachtern scharf kritisiert. Unter anderem haben Sonderkommandos die Gemeinschaftsunterkünfte von nichtmilitanten Globalisierungsgegnern nachts gestürmt und bei den Razzien wahllos Jugendliche misshandelt und festgenommen. Angesichts der öffentlichen Empörung werden später drei Polizeichefs strafversetzt. Einige Inhaftierte, auch aus Deutschland, bleiben allerdings durch das schleppende Prozedere der italienischen Justiz für Wochen oder Monate in Haft.

Umwelt

Der Vulkan spuckt

Der Ätna auf Sizilien, Europas aktivster Vulkan, bricht aus. Die italienische Regierung erklärt für die Region den Notstand. Der 3300 Meter hohe Berg speit gewaltige Lavafontänen, Gas und Asche aus; Lavaströme zerstören Olivenbäume und Obstpflanzungen und bedrohen auch Menschen, die sich wegen der Fruchtbarkeit des Bodens in den letzten Jahren auf den Hängen angesiedelt haben. Aber es kommt niemand ernstlich zu Schaden. Anfang August ist bereits wieder ein Aufstieg zum Krater möglich.

Land unter in Polen

Ein Tief aus dem Golf von Genua erreicht den Süden Polens – und tagelange heftige Regenfälle lassen die untere Weichsel, den San und andere Flüsse über die Ufer treten. Ein Gebiet von riesigen Ausmaßen wird überschwemmt. Während bei den großen Städten die Deiche halten, brechen sie an vielen anderen Stellen und führen zu dramatischen Notsituationen. Bis Ende des Monats müssen mehr als 12 000 Menschen ihre Wohnungen verlassen, auch zahlreiches Vieh wird auf dem Lande evakuiert. Die Zahl der Toten wird auf 30 geschätzt.

Ein Orkan bringt bei Straßburg einen Baum zu Fall – 11 Menschen werden getötet

Sturm über Europa

Gewitterstürme in Orkanstärke rasen über Süddeutschland und das Elsass und kosten vermutlich insgesamt 19 Menschen das Leben. Dutzende werden verletzt. Die Schäden gehen in die Millionen. Das folgenschwerste Unglück ereignet sich im Schlosspark des Straßburger Vorortes Robertsau: Dort stürzt eine alte, 20 Meter hohe Platane auf die Besucher eines Freiluftkonzerts und tötet elf Menschen. Mehr als 80 Verletzte werden geborgen. Im Starnberger See und im Ammersee ertrinken drei Segler. In Baden-Württemberg entwurzelt das aus Frankreich kommende Sturmtief „Willy" zahlreiche Bäume: Dächer werden abgedeckt, Strommasten umgeknickt, Oberleitungen zerrissen und unzählige Häuser und Autos beschädigt. Vielerorts sind Straßen und Bahnlinien nicht mehr passierbar. Im Schwarzwald sowie in der oberrheinischen Tiefebene werden Windgeschwindigkeiten bis zu 128 Stundenkilometer gemessen. Auch in Italien und Tschechien wüten Unwetter.

Tour-Sieger Armstrong lauscht in Paris der US-Hymne

Sport

Hattrick für Armstrong

Der Amerikaner Lance Armstrong gewinnt zum dritten Mal hintereinander die Tour de France. Der Deutsche Jan Ullrich erreicht nach 1996, 1998 und 2000 zum vierten Mal den zweiten Platz.

Teurer Fußballstar

Der teuerste Transfer in der Fußballgeschichte: Frankreichs Mittelfeld-Star Zinedine Zidane wechselt für die Rekordablösesumme von umgerechnet 135 Millionen Mark von Juventus Turin zu Real Madrid.

Kultur

Wagner in Israel

Der Dirigent Daniel Barenboim, Experte für Richard Wagner, wagt bei einem Gastspiel in Jerusalem, Vorspiel und Liebestod aus „Tristan und Isolde" mit der Berliner Staatskapelle aufzuführen – als Zugabe. Die Mehrheit des Publikums applaudiert, Orthodoxe protestieten, es kommt zu Tumulten. Später wird sogar der Ruf laut, dem Juden Barenboim das weitere Auftreten in Israel zu verbieten. Sein Kollege Zubin Mehta, Musikdirektor der Bayerischen Staatsoper und seit den Siebzigern Chefdirigent des Israel Philharmonic Orchestra, hat die gleiche Erfahrung vor 20 Jahren gemacht. Wagner, der aus seinem Antisemitismus keinen Hehl machte und Lieblingskomponist von Adolf Hitler war, ist in Israel immer noch öffentlich tabu. Mehta verteidigt Barenboim, meint aber: „Die Sensibilität ist noch zu stark."

August

Die Grünen-Politiker Claudia Roth (l.) und Volker Beck (r.) applaudieren Sönke Rau und Markus Hornhauer, einem der ersten schwulen Ehepaare in Hamburg

Deutschland

Mazedonien-Einsatz

Im Bundestag wird über die Beteiligung der deutschen Bundeswehr am Nato-Einsatz „Essential Harvest“ in Mazedonien abgestimmt. 497 Abgeordnete sind dafür, 130 dagegen; es gibt acht Enthaltungen. Die rot-grüne Koalition verfehlt dabei offenbar eine eigene Mehrheit. Die ersten Soldaten werden bereits am Abend des Abstimmungstages in das Einsatzgebiet verlegt. Insgesamt sollen es mindestens 400 sein. Für Bundeskanzler Gerhard Schröder ist wichtig, die Beteiligung der Bundeswehr am Einsatz auch mit nationalen Argumenten zu begründen, „weil wir als Deutsche daran interessiert sind, dass dort Stabilität herrscht“.

Liebestoller Verteidigungsminister

Rudolf Scharping lässt sich für die „Bunte“ mit seiner Lebensgefährtin Kristina Gräfin Pilati im Urlaub auf Mallorca fotografieren. Die Bilder, auf denen er mit seiner Braut im Swimmingpool herumtollt, machen ihn zum Gespött der Nation. Und bringen ihn politisch in Verruf, weil er den Leichtfuß spielt, während zur gleichen Zeit der Mazedonien-Einsatz der Bundeswehr diskutiert und beschlossen wird. Er gerät zusätzlich in Bedrängnis, als bekannt wird, dass er für einen Wochenendflug auf die Ferieninsel die Flugbereitschaft der Streitkräfte in Anspruch genommen hat. Die Opposition fordert seinen Rücktritt. Der Bundeskanzler stellt sich hinter seinen umstrittenen Minister.

Neue Partner-Ehen

In zahlreichen deutschen Städten geben sich homosexuelle Paare erstmals das amtliche Jawort. Rund 50 lesbische und schwule Paare lassen sich unter anderem in den Städten Berlin, Köln, Hamburg und Hannover in feierlichem Rahmen trauen. In Hamburg werden bei einer Gemeinschaftszeremonie gleich 15 homosexuelle Paare offiziell Ehepartner. Die Bundesländer Bayern, Sachsen und Thüringen haben noch versucht zu verhindern, dass das neue Partnerschaftsgesetz zum 1. August in Kraft tritt – sind aber im Juli vom Bundesverfassungsgericht gestoppt worden. Das neue Gesetz erlaubt auch die Mitversicherung bei der gesetzlichen Krankenkasse des erwerbstätigen Partners. Eine steuerliche Gleichstellung mit herkömmlichen Ehen gibt es jedoch noch nicht.

Mauer-Gedenken

Vertreter der Bundesregierung und der Opposition erinnern am 13. August in einem Gedenkakt im Bundestag an die Berliner Mauer – vor 40 Jahren begann das SED-Regime mit der Errichtung des Bollwerks. Erstmals werden zur Erinnerung an die Menschen, die bei der Flucht aus der DDR in den Westen getötet wurden, in fast ganz Deutschland die Flaggen auf halbmast gesetzt. Bundespräsident Johannes Rau verurteilt den Bau der Mauer als „ein Verbrechen gegen das eigene Volk“. Bereits im Monat davor hat die PDS – die Nachfolgepartei der SED – den Mauerbau nachträglich missbilligt.

Vor 40 Jahren am 13. August begann der Bau der Mauer

Ausland

Gewalteskalation in Nahost

In Israel ereignet sich ein neues Selbstmordattentat eines Palästinensers, bei dem mindestens 15 Menschen getötet werden. Fast 100 werden zum Teil lebensgefährlich verletzt. Ort des Anschlags ist eine zur Mittagszeit voll besetzte Pizzeria im Zentrum Jerusalems. Zwölf Stunden später übt Israel Vergeltung. Kampfhubschrauber beschießen Gebäude des palästinensischen Fernsehens und Rundfunks in Ramallah, Truppen besetzen mehrere Gebäude der Palästinensischen Befreiungsorganisation PLO in Abu Dis, einem arabischen Vorort von Jerusalem, sowie das Orienthaus – von der PLO als inoffizielle Vertretung im arabischen Teil Jerusalems genutzt – und neun weitere PLO-Büros im Osten der Stadt. Mehrere Mitarbeiter der PLO-Zentrale werden festgenommen. Außerdem unternimmt die israelische Armee einen Hubschrauberangriff auf das Hauptquartier der radikal-islamischen Hamas-Organisation in Nablus. Bei diesem Militärschlag werden acht Palästinenser getötet, darunter der Hamas-Kommandant von Nablus und ein weiteres führendes Hamas-Mitglied. Es kommen auch zwei Kinder ums Leben.

Von den Taliban verhaftet

Die Gotteskrieger in Afghanistan schließen die Büros der internationalen Hilfsorganisation „Shelter Now“ und nehmen 24 ihrer Mitglieder fest. Den vier Deutschen, zwei Amerikanern, zwei Australiern und 16 Afghanen wird vorgeworfen, die Bevölkerung des Landes christlich missioniert zu haben. Diplomaten aus den Ländern der Inhaftierten nehmen mit den Taliban Verhandlungen über die Freilassung auf, auch Anwälte bemühen sich. Später wird den „Shelter Now“-Mitgliedern der Prozess gemacht. Erst im November 2001 kommen sie frei.

Prozess wegen Polygamie

Der Amerikaner Tom Green wird wegen Vielehe – er ist Ehemann von fünf Frauen, dazu Vater von 29 Kindern – zu fünf Jahren Haft verurteilt. Der Prozess gegen den 53 Jahre alten Mann, der sich als fundamentalistischer Mormone bezeichnet, findet in der Mormonen-Hochburg Salt Lake City im US-Bundesstaat Utah statt. Green will gegen das Urteil Berufung einlegen. Es ist seit rund 50 Jahren der erste größere Prozess in den USA gegen einen Anhänger der Vielehe. Die Mormonen haben Green, der einige der Frauen heiratete, als sie noch minderjährig waren, wegen seiner Lebensweise aus ihrer Kirche ausgeschlossen. Die Vielweiberei ist von der Religionsgemeinschaft vor einem Jahrhundert aufgegeben worden, um die Gründung des Staates Utah zu ermöglichen. Trotzdem praktizieren, so wird vermutet, noch etwa 30 000 Fundamentalisten der Glaubensrichtung die Polygamie – aber selten so offen, wie dies Green tat.

Das Solarflugzeug „Helios“, eine Testmaschine der Nasa, stellt einen Höhenrekord auf

Wissenschaft

Neuer Höhenflug

Das unbemannte Testflugzeug „Helios“ der amerikanischen Raumfahrtbehörde Nasa stellt mit 28 950 Metern einen neuen Höhenflug-Rekord auf. Die bisherige, mehr als 20 Jahre alte Bestleistung für unbemannte Flugmaschinen ohne Raketenantrieb betrug 25 520 Meter. Die 15 Millionen Dollar teure „Helios“ hat mit 74 Metern eine größere Spannweite als ein Jumbojet, ist aber nur 3,60 Meter lang und bringt ganze 700 Kilo auf die Waage. Der Flieger wird über Computer von zwei Piloten am Boden gesteuert. Die 14 Propeller werden von Elektromotoren angetrieben; ihre Energie beziehen sie aus Solarzellen, die in die Flügel eingebaut sind. Die Nasa hofft, den Solarflieger eines Tages als Ersatz für Satelliten nutzen zu können.

Mormone Green mit fünf Ehefrauen und Kinderschar

Sport

Wieder siegt Schumacher

Michael Schumacher wird zum vierten Mal – nach 1994, 1995 und 2000 – Formel-1-Weltmeister. Mit einem ersten Platz beim Großen Preis von Ungarn holt sich der Ferrari-Pilot im 13. von 17 Saisonrennen vorzeitig den Titel.

Kultur

Rekordsumme für Clintons Erinnerungen

Der ehemalige US-Präsident Bill Clinton erhält von einem amerikanischen Verlag einen Vorschuss von über zehn Millionen Dollar für seine Memoiren. Sie sollen im Jahr 2003 erscheinen. Die Übersetzungsrechte nach Deutschland werden für ungefähr zwei Millionen Mark verkauft. Clinton kann beim Verfassen seiner Erinnerungen auf die Hilfe eines der besten Ghostwriter der Buchbranche rechnen; Enthüllungen sind nicht zu erwarten: weder über die Affäre mit der Praktikantin Monica Lewinsky noch über die finanziellen Skandale des Ehepaars Clinton sowie über andere Unregelmäßigkeiten während ihrer Washingtoner Zeit. Das Buch soll ausdrücklich eine politische Autobiografie und ein zeitgeschichtlicher Rückblick werden.

Leute

Prinz heiratet Aschenputtel

Norwegens Kronprinz Haakon und seine bürgerliche Verlobte Mette-Marit Tjessem Høiby werden im Osloer Dom getraut. Die Zeremonie unter Teilnahme des europäischen Hochadels – darunter Grobritanniens Prinz Charles – wird umrahmt von Feierlichkeiten in der Stadt, an denen sich viele Einwohner beteiligen. Die Hochzeit wurde mit Spannung erwartet, weil die Beziehung der beiden 28-Jährigen ein Problem für den Hof darstellte: Es waren Details aus der Drogen- und Party-Vergangenheit der Braut bekannt geworden. Gegen die Konventionen verstößt auch, dass sie ein uneheliches Kind mit in die Ehe bringt. Mit der festlichen Trauung demonstriert der Hof seine uneingeschränkte Sympathie für die neue Prinzessin Mette-Marit. Und die Norweger demonstrieren an dem Tag, dass sie die Unstandesgemäße und ihren kleinen Sohn in ihr Herz geschlossen haben.

September

Nach einer Irrfahrt übers Meer werden Flüchtlinge aus Afghanistan vorläufig in einem Zeltlager auf der pazifischen Insel Naura untergebracht

Ausland

Flüchtlingsdrama vor den Weihnachtsinseln

Zum Politikum wird das Schicksal von 433 Flüchtlingen, in der Mehrzahl Afghanen, vor der australischen Weihnachtsinsel. Sie verlassen den norwegischen Frachter „Tampa", der den in Seenot Geratenen Schutz gewährt hatte, und steigen um auf das australische Marine-Transportschiff „Manoora". Die australische Regierung will die Asylsuchenden nicht im eigenen Land aufnehmen und lässt sie mit der „Manoora" nach Papua-Neuguinea bringen. Von dort werden sie in den kleinen pazifischen Inselstaat Nauru gebracht. Vorausgegangen ist eine Irrfahrt: Die Flüchtlinge sind im Indischen Ozean von einer sinkenden alten Fähre durch die Besatzung der „Tampa" gerettet worden. An Bord des Frachters, auf dem sie sich eine Woche lang aufhalten, werden ihnen behelfsmäßige Unterkünfte und ein Notlazarett errichtet. Der norwegische Kapitän fährt mit den Flüchtlingen ohne Genehmigung in die Hoheitsgewässer Australiens, in der Hoffnung auf Hilfe. Die australische Regierung lässt den Frachter aber zunächst von Elitesoldaten entern, um eine Landung bei der Weihnachtsinsel zu verhindern und den Kapitän zu zwingen, mit den Flüchtlingen wieder aufs offene Meer hinauszufahren. Australiens Premierminister John Howard rechtfertigt das Vorgehen als Maßnahme zum Schutz der „territorialen Unverletzlichkeit" seines Landes, das nicht das Tor für „eine Flut von Flüchtlingen" öffnen dürfe. „Dies ist keine Art, mit Flüchtlingen umzugehen", erklärt UN-Generalsekretär Kofi Annan. Internationale Proteste, das Einschreiten von Menschenrechtsanwälten und die Vermittlung des UN-Flüchtlingshilfswerks führen zu einem Kompromiss, der den Flüchtlingen eine vorläufige Bleibe verschafft. Sie kommen in ein Zeltlager in Nauru, wo ihre Asylanträge geprüft werden sollen.

Wenig Chancen für den Frieden in Nahost

Friedensanstrengungen von Jassir Arafat, dem Vorsitzenden der palästinensischen Autonomiebehörde, und Israels Außenminister Shimon Peres sowie europäische Bemühungen um eine Kurswende im Krisengebiet werden immer wieder von Gewalt überschattet. Auf dem Weg ins belebte Stadtzentrum von Jerusalem sprengt sich ein Araber, verkleidet als ultraorthodoxer Jude, in die Luft. 13 Israelis werden verletzt. Unterdessen setzt die israelische Armee ihre täglichen Angriffe gegen Wohngebiete in Hebron fort – es gibt einen Toten und 22 Verletzte. Obwohl Arafat die Waffenruhe durchsetzen will, wird südlich von Bethlehem die israelische Siedlerin Sarit Amrani ermordet, eine Provokation auch für Arafat, da sich eine zu Arafats Fatah gehörende Gruppe des Anschlags bezichtigt. Die Armee greift abermals auf autonome Gebiete im Gaza-Streifen über, zerstört palästinensische Gebäude, von denen aus auf Israelis geschossen worden sein soll. Im Süden des Gaza-Strei-

Ein Pakistani zeigt seine Sympathie für Osama bin Laden

fens werfen Palästinenser Handgranaten auf ein israelisches Militärlager. Bei Hebron werden wieder Schüsse auf israelische Wagen abgefeuert. Ende des Monats kommt es zu neuen Unruhen und Schießereien im südlichen Gaza-Streifen. Das Militär zerstört weitere Häuser im Flüchtlingslager von Rafah.
Die radikal-islamistische Gruppe Hamas lässt verlauten, sie werde keineswegs auf Selbstmordattentate verzichten.
Vor einem in Aussicht gestellten Treffen zwischen Arafat und Shimon Peres kommt es zu neuer Gewalt: Drei Menschen sterben, als sich ein Selbstmordattentäter vor dem Bahnhof von Naharija an der nordisraelischen Küste in die Luft sprengt, 63 werden verletzt. Eine weitere Bombe explodiert in einem Auto an einer belebten Kreuzung südlich von Naharija bei Netanja. Zwischen diesen beiden Anschlägen werden zwei Israelis getötet und drei verletzt, als sie in der Nähe von Jericho von Palästinensern in ihrem Wagen beschossen werden. Israel reagiert mit dem Einsatz der Luftwaffe und Raketenangriffen auf mehrere Fatah-Büros in Ramallah und Jericho. Im Gaza-Streifen wird ein Palästinenser von israelischen Soldaten getötet, ein weiterer verletzt.
Die Bemühungen um eine Waffenruhe gehen weiter, trotzdem gibt es auch am jüdischen Feiertag Jom Kippur, dem Versöhnungstag, im Süden des Gaza-Streifens Tote und Verletzte. Auch während des Treffens von Arafat und Peres auf dem Gaza-Flughafen bei Rafah findet dieser Grenzabschnitt keine Ruhe. Drei Araber werden bei Schusswechseln mit dem Militär getötet, 22 zum Teil schwer verletzt. Bei Rafah zerstört die israelische Armee mehrere Häuser in einem Flüchtlingslager. Neun Palästinenser werden dabei zum Teil schwer verletzt. Die israelische Armee setzt Panzer und Bulldozer ein. Sie feuert mit Maschinengewehren auf Palästinenser, die zuvor das Feuer eröffnet hatten. Ebenfalls in Rafah kommt ein 16 Jahre alter Palästinenser ums Leben, der bei einem Schusswechsel an einem israelischen Militärposten Steine auf Soldaten geworfen hatte.

Bombe auf Schulkinder in Belfast

Wegen einer katholischen Grundschule in der nordirischen Hauptstadt Belfast liefern sich Protestanten und Katholiken heftige Straßenschlachten. Und auf dem Weg zu der katholischen Holy-Cross-Schule, der durch das protestantische Stadtviertel Ardoyne führt, werden die Schülerinnen im Alter von vier bis elf Jahren und ihre Eltern von Protestanten beschimpft und mit Steinen und Flaschen beworfen. Militante Protestanten wollen den Schulweg blockieren. Sie werfen eine Splitterbombe, als bereits zum dritten Mal schwer bewaffnete Soldaten und Polizisten die Katholiken zur Schule begleiten müssen. Vier Polizisten werden verletzt. Unter den etwa 100 Kindern und ihren Eltern bricht Panik aus. Zu dem Anschlag bekennen sich die „Red Hand Defenders", die als protestantische Schlägertruppe gelten. Die Katholiken könnten den Provokationen und Angriffen entgehen, wenn sie einen Umweg durch „neutrales Gebiet" machten, der zum Hintereingang der Schule führt; dazu sind sie aber aus Prinzip nicht bereit.

In Belfast, Nordirland, kommt es wieder zu Straßenschlachten und Bombenattentaten

Blutbad in der Schweiz

Ein als Polizist verkleideter Amokläufer schießt im Regionalparlament des kleinen Schweizer Kantons Zug unter lauten Verwünschungen mit einem Sturmgewehr und einer Pistole wild um sich und zündet einen Sprengsatz. Er tötet 14 Personen und sich selbst. Zehn Menschen werden teilweise schwer verletzt. Der Täter wollte sich dafür rächen, dass das Obergericht seine Aufsichtsbeschwerden gegen Mitglieder der Regierung und der Justiz abgewiesen hatte – außerdem lag er seit längerem in juristischem Streit mit den Zuger Verkehrsbetrieben.

Terrorangriff auf das World Trade Center in New York

Shelter-Now-Prozess in Kabul

Die Mitarbeiter der Hilfsorganisation Shelter Now, denen vorgeworfen wird, in der Bevölkerung für das Christentum missioniert zu haben, erscheinen in Kabul vor Gericht. Die sechs Frauen und zwei Männer aus Deutschland, Australien und den Vereinigten Staaten waren im August zusammen mit 16 afghanischen Shelter-Now-Helfern festgenommen worden.

Führender Taliban-Gegner ermordet

In Chodja Bahauddin, einem Stützpunkt der Taliban-Gegner im Norden Afghanistans, wird am 9. September auf Oppositionsführer Ahmed Schah Massud ein Attentat verübt. Er stirbt eine Woche später an seinen Verletzungen. Zwei Terroristen arabischer Herkunft kamen als Journalisten getarnt zu einem Interview mit Massud und zündeten eine Bombe, die in ihrer Videokamera versteckt war. Einer der beiden Selbstmordattentäter hatte zusätzlich Sprengstoff um seine Hüfte. Der britische Premierminister Tony Blair ist einer der Ersten, die Osama bin Laden als eigentlichen Drahtzieher des tödlichen Anschlags benennen. Schah Massud, der Löwe vom Pandschir, wie er von seinen Anhängern genannt wurde, war vor der Machtübernahme der Taliban afghanischer Verteidigungsminister. Er kämpfte mit etwa 20 000 Mann gegen die Taliban, musste sich jedoch immer weiter zurückziehen und kontrollierte am Ende kaum mehr als fünf Prozent des Landes. Er erhielt keinerlei Unterstützung von außen, auch nicht von den USA.

11. September...

...und die Folgen

11. 9.: Radikal-islamische Terroristen steuern zwei von ihnen entführte amerikanische Passagierflugzeuge in das New Yorker World Trade Center. Die beiden getroffenen Türme stürzen ein und begraben fast 3000 Menschen unter sich. Ein weiteres entführtes Passagierflugzeug stürzt in der Hauptstadt Washington in das Pentagon, das in Flammen aufgeht. Ein viertes entführtes Flugzeug zerschellt auf einem Feld bei Pittsburgh.
12. 9.: Die amerikanische Regierung verdächtigt den

aus Saudi-Arabien stammenden Terroristenführer Osama bin Laden als Hintermann. Gegen dessen Netzwerk kündigt Präsident Bush militärische Aktionen an. Die Anschläge sind möglicherweise von Deutschland aus mit vorbereitet worden, die Hamburger Polizei beginnt mit der Durchsuchung von Wohnungen. Das Auswärtige Amt in Berlin fordert alle Deutschen in Afghanistan auf, das Land zu verlassen; internationale Organisationen ziehen von dort ihre Mitarbeiter ab.

13. 9.: Die Nato erklärt erstmals in ihrer Geschichte den kollektiven Verteidigungsfall; sie betrachtet den Anschlag als Angriff auf alle Mitglieder. US-Präsident Bush spricht vom „ersten Krieg des 21. Jahrhunderts".

14. 9.: Das Weiße Haus strebt, bevor es militärische Aktionen einleitet, ein globales Bündnis gegen den Terrorismus an; es stellt 15 arabischen Ländern ein Ultimatum, im Kampf gegen den Terrorismus für oder gegen die USA zu sein. Bundesinnenminister Otto Schily kündigt umfangreiche Maßnahmen zur Verstärkung der inneren Sicherheit an.

16. 9.: Das FBI veröffentlicht die Namen von 19 Personen, die im Verdacht stehen, an den Anschlägen beteiligt gewesen zu sein.

17. 9.: Afghanistan bereitet sich auf einen Vergeltungsschlag der USA vor.

19. 9.: Große Mehrheit im deutschen Bundestag für die Bereitschaft Deutschlands, die USA im Kampf gegen den internationalen Terrorismus politisch und militärisch zu unterstützen.

20. 9.: Bush fordert im US-Kongress die Taliban auf, Osama bin Laden auszuliefern und seine Trainingscamps zu schließen. Die Amerikaner verlegen Kampfflugzeuge in die Golfregion. Das Innenministerium von Nordrhein-Westfalen gibt bekannt, dass sich vermutlich an die 100 „Terror-Schläfer" in Deutschland aufhalten.

21. 9.: Gegen zwei Hamburger Studenten, einen Deutsch-Marokkaner und einen Jemeniten, wird Haftbefehl erlassen; sie hatten Kontakt zu den Attentätern.

24. 9.: Russland bietet den USA seine Hilfe an.

25. 9.: Osama bin Ladens Organisation al Qaeda droht Amerikanern und Israelis mit Angriffen.

26. 9.: Die Amerikaner streben einen langjährigen Kampf gegen den internationalen Terrorismus an und wollen dafür eine globale Allianz schmieden.

29. 9.: Die USA versprechen der afghanischen Nord-Allianz umfangreiche Hilfe im Kampf gegen die Taliban. Die Taliban bereiten die Bevölkerung auf den Kriegsfall vor. Nachbarstaaten Afghanistans sagen den USA ihre Hilfe zu. Die UN beschließen eine Resolution gegen den Terrorismus. In Wiesbaden wird eine Gruppe mutmaßlicher islamistischer Terroristen verhaftet.

30. 9.: Der britische Premierminister Blair erklärt, es gebe „absolut unwiderlegbare Beweise" gegen Osama bin Laden.

New Yorks Bürgermeister Rudy Giuliani besichtigt regelmäßig die Aufräumarbeiten am Ground Zero mit den Ruinen der eingestürzten Türme des World Trade Center

Deutschland

Putin im Bundestag

Bei seinem dreitägigen Staatsbesuch in Deutschland hält Wladimir Putin am 25. September als erster russischer Präsident eine Rede im Bundestag – größtenteils in deutscher Sprache. Er forderte eine stärkere Einbindung Moskaus als gleichwertiger Partner in die internationalen Beziehungen, bekundet seine Solidarität mit US-Präsident George W. Bush im Kampf gegen den Terrorismus und signalisiert Bereitschaft zu Gesprächen über die Aufnahme Russlands in die Nato.

Deutsche führen Nato-Mission an

Der Bundestag stimmt Ende September mit großer Mehrheit der Entsendung von bis zu 600 Bundeswehrsoldaten für eine zweite Nato-Mission in Mazedonien zu. Mit der Operation „Amber Fox" wird zum ersten Mal ein internationaler Nato-Einsatz unter deutscher Führung stehen. Die mehr als 1000 Soldaten der Allianz sollen den Schutz von 284 Beobachtern der OSZE und der Europäischen Union gewährleisten. Die Nationale Befreiungsarmee (UÇK) der albanischen Rebellen in Mazedonien erklärt am selben Tag ihre Selbstauflösung.

Vorausgegangen war ein zähes Ringen in der Region für den weiteren Weg zu einem Friedensprozess: Anfang September hatten die Abgeordneten in Skopje einer Verfassungsreform zugestimmt, die der albanischen Bevölkerungsminderheit mehr Rechte einräumen soll. Das Votum des Parlaments war die Voraussetzung für eine weitere Entwaffnung der albanischen Rebellen gewesen. Daraufhin setzte die Nato ihre Operation „Essential Harvest" fort, mit dem Ziel, insgesamt 3300 Waffen einzusammeln.

Hamburg mit Schill

Nach einer Schlappe für Rot-Grün bei der Bürgerschaftswahl muss die Hamburger SPD nach 44 Jahren die Macht abgeben. Neuer Bürgermeister wird Ole von Beust von der CDU, der Ortwin Runde ablöst und eine Koalition mit der neuen Partei „Rechtsstaatliche Offensive" und der FDP eingeht. Eigentlicher Sieger

Michael Jackson feiert mit Liz Taylor 30 Jahre Popkarriere

und Auslöser des Wechsels ist der umstrittene Richter und Law-and-Order-Populist Ronald Barnabas Schill, dessen Partei es auf überraschende 19,4 Prozent bringt. Die Sozialdemokraten erhalten 36,5 Prozent der Stimmen, CDU 26,2, Grüne/GAL 8,5, FDP 5,1. Schill, der im Wahlkampf den Bürgern mehr Sicherheit versprochen hat, wird Innensenator. Die Wahlbeteiligung ist mit 71 Prozent höher als bei der Bürgerschaftswahl 1997.

Kommunalwahl ohne Wähler

Die Beteiligung bei den Kommunalwahlen in Niedersachsen Anfang September erreicht mit 56,2 Prozent ein Rekordtief. Die CDU schafft dabei 42,6 Prozent (plus 0,9). Die SPD stagniert bei 38,6 Prozent (plus 0,1). Grüne und FDP kommen auf 6,7 Prozent (minus 2,3) beziehungsweise 6, 2 Prozent (plus 1,6). Ministerpräsident Sigmar Gabriel von der SPD räumt ein, seine Partei sei mit dem Ergebnis unzufrieden.

Scharpings Flüge

Verteidigungsminister Rudolf Scharping gerät wegen seiner Nutzung der Flugbereitschaft unter massiven Druck. Sein Ministerium gibt zu, dass er seit Sommer 2000 etwa 50-mal mit der Luftwaffe zwischen Berlin und Frankfurt geflogen ist, wo seine Lebensgefährtin Kristina Gräfin Pilati wohnt. Trotz immer neuer Vorwürfe sieht der Minister keinen Grund für einen Rücktritt. Im Verteidigungsausschuss legt Scharping eine Liste all seiner 349 Dienstflüge seit seinem Amtsantritt vor. Er erklärt, die Flugbereitschaft immer vorschriftsmäßig genutzt zu haben. CDU und CSU sowie FDP und PDS halten daran fest, dass Scharping zurücktreten soll. Der Bundeskanzler steht zu seinem Minister.

Trauer nach dem 11. September

Am 13. September gedenken Hunderttausende Menschen in Deutschland fünf Minuten lang schweigend der Opfer der Anschläge vom 11. September. Behörden und Betriebe unterbrechen dafür um zehn Uhr die Arbeit. Tausende legen Blumen vor amerikanischen Vertretungen und Einrichtungen nieder und nehmen an Gottesdiensten, Gedenkveranstaltungen und Schweigemärschen teil.

Wirtschaft

Ein neuer VW-Chef

Der VW-Aufsichtsrat hat Bernd Pischetsrieder zum neuen VW-Vorstandsvorsitzenden gewählt. Das Gremium entschied sich einstimmig für den 53 Jahre alten ehemaligen BMW-Chef, der seit 2000 Mitglied des VW-Vorstands ist. Er wird die Nachfolge von Ferdinand Piëch im April 2002 antreten; dann wird Piëch 65 Jahre alt.

High-Tech-Elefantenhochzeit

Der kalifornische Computerhersteller Hewlett-Packard kauft seinen texanischen Wettbewerber Compaq Computer für 25 Milliarden Dollar in Aktien. Mit einem Gesamtumsatz von 87,4 Milliarden Dollar entsteht so mitten in der schlimmsten Branchenkrise ein Unternehmen, das nur geringfügig kleiner ist als der nach wie vor größte Computer- und Informationstechnikkonzern IBM.

Nahe der US-Botschaft legen die Berliner Blumen für die Opfer des 11. September nieder

Microsoft bleibt intakt

Die amerikanische Regierung verzichtet auf eine Zerschlagung des Software-Giganten Microsoft. Auch der seit drei Jahren andauernde Kartellprozess gegen den Konzern soll möglichst rasch beendet werden – ohne die Fragen der umstrittenen Verbindung von Betriebssystem und Internetbrowser weiter zu verfolgen. Diese Entscheidung ist für Microsoft wichtig, weil sein neues Betriebssystem Windows XP ebenfalls viele Softwarefunktionen miteinander verknüpft.

Friedrich Leibacher (r.), der Amokschütze von Zug

Sport

Deutsche Elf im Tief

Beim Weltmeisterschaftsqualifikationsspiel im Münchner Olympiastadion wird die deutsche Fußball-Nationalmannschaft vom Lieblingsgegner England deklassiert. Nach einem frühen Tor von Carsten Jancker kassieren die deutschen Kicker fünf Gegentreffer. Ein 1:5 vor eigenem Publikum gegen die Engländer gab es zuletzt 1908 in Berlin. Zu der Münchner „Tracht Prügel" („FAZ") sagt nach dem Match Abwehrspieler Christian Wörns, er habe mit dem deutschen Team einen „Rückfall in die Steinzeit" erlebt.

Kultur

Erinnerung an jüdisches Leben

Das Jüdische Museum in Berlin wird von Bundespräsident Johannes Rau in einem Festakt mit viel Prominenz seiner Bestimmung übergeben. Es soll Erinnungsort und Gedenkstätte für 2000 Jahre jüdische Kultur und Geschichte in Deutschland sein – bis zum Holocaust, dem die strenge und sperrige Struktur des Bauwerks gewidmet ist. Schon als Museum mit noch leeren Räumen hatte das von Daniel Libeskind entworfene Meisterwerk moderner Architektur viele Besucher angezogen.

Leute

Michael Jackson feiert sich selbst

Michael Jackson, 43, feiert pompös ein besonderes Showbusiness-Jubiläum: Seit 30 Jahren singt und tanzt der Entertainer auf der Bühne. Beim Defilee der Freunde im New Yorker Madison Square Garden zeigen sich Marlon Brando und „Jackos" mütterliche Freundin ElizabethTaylor. Einer der Höhepunkte der dreistündigen Show ist ein Auftritt mit seinen Brüdern. Zusammen singen die ehemaligen Jackson Five ein Medley ihrer größten Hits. Die Show gilt auch als Comeback-Versuch des Pop-Stars, der nach sechs Jahren Pause erst jetzt wieder ein Album auf den Markt bringt. Platte und Auftritt sollen, so amerikanische Medien, Jacksons finanzielle Schieflage beheben. Jeden Monat, heißt es, brauche er acht Millionen Dollar. Die Tickets für das Ego-Spektakel waren schnell ausverkauft, auch jene für 20 000 Dollar, die Zutritt zur exklusiven Champagner-Party nach dem Konzert ermöglichen.

Oktober

Ausland

USA beginnen Militärschlag

Knapp vier Wochen nach den Terroranschlägen auf das World Trade Center und das Pentagon beginnen die USA – unterstützt von Großbritannien – am 7. Oktober mit Militärangriffen auf Afghanistan. Die Taliban-Gegner von der Nord-Allianz werden in die US-Strategie eingebunden, nachdem US-Präsident Bush die Taliban mehrfach ultimativ aufgefordert hat, den saudischen Terroristenführer Osama bin Laden auszuliefern: „Die Uhr läuft ab." Die Amerikaner attackieren die Taliban vor allem mit Bombern und anderen schwer bewaffneten Flugzeugen und feuern Marschflugkörper von Schiffen und U-Booten aus. Ziele sind Al-Qaeda-Ausbildungslager von Osama bin Laden. Angegriffen werden auch Taliban-Militäreinrichtungen und Luftabwehrstellungen, zumeist in und um die Städte Kabul und Kandahar. Auch von britischen Schiffen werden Marschflugkörper abgeschossen. Die Angriffe laufen Tag und Nacht. Zahlreiche Zivilisten kommen ums Leben. Eine 900-Kilo-Bombe landet in einem Wohngebiet von Kabul.

Bin Laden droht mit „Heiligem Krieg"

Der als Terrordrahtzieher gesuchte bin Laden ruft die Muslime in aller Welt zum „Heiligen Krieg" (Dschihad) gegen die USA auf. In einem Video, das ein arabischer Sender verbreitet, rechtfertigt er die Anschläge in den USA: „Gott hat sie ihnen beschert." Die Taliban-Regierung erklärt, bin Laden habe jede Freiheit, einen „Heiligen Krieg" gegen die USA zu führen. Mitte Oktober berichtet die „Washington Post", US-Präsident Bush habe dem US-Geheimdienst CIA befohlen, bin Laden zu töten.

Hilfspakete aus der Luft

Während die Amerikaner Afghanistan bombardieren, werfen sie Zehntausende Lebensmittelpakete für die notleidende Bevölkerung ab. Nicht wenige der Pakete landen auf vermintem Terrain. Transportflugzeuge mit deutschen Hilfsgütern starten vom Flughafen Köln/Bonn. Das Deutsche Rote Kreuz entsendet 90 Tonnen Material, darunter Zelte und Decken, im Wert von 2,5 Millionen Mark ins pakistanische Peshawar nahe der afghanischen Grenze.

An Deck des US-Flugzeugträgers „Carl Vinson", der im Arabischen Meer stationiert ist, werden 500-Kilo-Bomben für Einsatzflüge nach Afghanistan vorbereitet

Heftige Gegenwehr der Taliban

Bush kündigt am 17. Oktober eine neue Phase des Afghanistankriegs an. Der Einsatz von Bodentruppen wird vorbereitet. Amerikanische Regierungsbeamte bestätigen, dass sich bereits Spezialeinheiten, eine kleine Zahl von Elitesoldaten, in Afghanistan aufhalten. Am 20. Oktober wird bekannt, dass ein größeres Kontingent von US-Spezialkommandos in Afghanistan operiert und ins Land vordringt. Die britische Regierung bietet 200 Elitesoldaten als Unterstützung an. Amerikas Luftwaffe setzt die Bombardements mit andauernder Heftigkeit fort. Am 25. Oktober räumen die Amerikaner öffentlich ein, dass die Gegenwehr der Taliban sehr viel stärker ist als erwartet. Am 26. Oktober

Osama bin Laden ruft die Muslime zum „Dschihad" auf

nehmen die Taliban den von den USA unterstützten afghanischen Milizführer Abdul Haq gefangen und richten ihn hin.

Keine Kampfpause während des Ramadan

Obwohl in islamischen Ländern und auch im Westen Stimmen laut werden, die eine Kampfpause im Fastenmonat Ramadan vorschlagen, wollen Amerika und Großbritannien die Angriffe unvermindert weiterführen.

Hohes Risiko für Journalisten

Beinahe 2000 Journalisten aus aller Welt sind zur Kriegsberichterstattung nach Pakistan gekommen. Hunderte versuchen, von Tadschikistan aus nach Nord-Afghanistan in die von den Taliban-Gegnern kontrollierten Gebiete zu kommen. Vom Taliban-Regime wieder freigelassen wird die Britin Yvonne Ridley, die – unter einer Burka versteckt – illegal nach Nord-Afghanistan gelangt ist. Bis in den November werden mindestens zehn Journalisten ermordet – einer von ihnen ist Volker Handloik, Mitarbeiter des *stern*: Er gerät zusammen mit anderen Journalisten nach einem Sturz von einem Schützenpanzer der Nord-Allianz in einen Hinterhalt der Taliban.

Anti-Terror-Gesetze in den USA

Ende Oktober treten in den Vereinigten Staaten umfassende Anti-Terror-Gesetze in Kraft, die sehr viel schärfere Überwachungsmaßnahmen ermöglichen. Der Kongress verabschiedet ein entsprechendes Gesetzespaket. Nicht wenige Amerikaner sehen darin den radikalsten Einschnitt in die Bürgerrechte seit Jahrzehnten, manche befürchten, dass aus ihrem Land ein Überwachungsstaat wird.

Attentäter von 1998 in New York verurteilt

Drei mutmaßliche Gefolgsleute Osama bin Ladens, die für die verheerenden Bombenanschläge im Jahr 1998 auf die US-Botschaften in Kenia und Tansania verantwortlich gemacht werden, verurteilt ein Geschworenengericht in New York zu lebenslanger Haft ohne Möglichkeit der Begnadigung. Darunter befindet sich Wahid al-Hage. Der gebürtige Libanese stand in Kontakt zu dem Hamburger Kaufmann Mamun Darkazanli, der wiederum die in Harburg wohnhafte Unterstützergruppe der Entführer vom 11. September gekannt haben soll.
Gegen Darkazanli wird ermittelt. Der ehemalige US-Präsident Bill Clinton lässt verlauten, er habe nach den Anschlägen auf die US-Botschaften die Ergreifung oder Ermordung bin Ladens angeordnet.

Angst vor Biowaffen

In Florida stirbt ein 63-Jähriger im Krankenhaus an Lungenmilzbrand – das erste Opfer dieser Art in den USA seit 25 Jahren. Weitere Infektionen folgen. Briefe mit Anthrax-Sporen, die die Krankheit auslösen, gehen bei mehreren amerikanischen Fernsehsendern und Zeitungen ein. In Washington werden die Erreger in Briefen an Senatoren sowie bei einer Reihe von Senatsmitarbeitern gefunden.

Der in Trinidad geborene Brite V. S. Naipaul ist neuer Literatur-Nobelpreisträger

Die Angst vor möglichen Terroranschlägen mit Biowaffen steigt, als Anthrax in verschiedenen Postämtern aufgespürt wird; in Washington sterben zwei Postbeamte, die mit einem Brief an Senator Tom Daschle in Berührung gekommen sind.

Selbstmordanschlag in Kaschmir

Moslem-Separatisten töten bei einem Selbstmordanschlag auf das Regionalparlament im indischen Teil von Kaschmir 42 Menschen, in der Mehrzahl Soldaten.

Der deutsche Journalist Volker Handloik in Afghanistan

Gewalt im Nahen Osten

Der bislang blutigste Monat des Jahres im Konflikt Israel–Palästina beginnt damit, dass US-Präsident Bush sich erstmals für die Bildung eines Palästinenserstaates ausspricht. Allerdings dürfe Israels Existenzrecht nicht eingeschränkt werden. Trotz einer zwischen Israel und den Palästinensern vereinbarten Waffenruhe eskaliert die Gewalt. Nachdem zwei israelische Siedler erschossen worden waren, tötet die israelische Armee sechs Palästinenser bei einem Vergeltungsschlag in Gaza. Die israelische Armee besetzt außerdem zwei Viertel der palästinensischen Stadt Hebron im Westjordanland. Es kommt zu heftigen Gefechten, bei denen mindestens fünf Palästinenser getötet werden. In der zweiten Hälfte des Monats erschießen palästinensische Extremisten den israelischen Tourismusminister Rechawam Seewi in einem Jerusalemer Hotel. Von dem ultrarechten Politiker stammt die Äußerung, alle Palästinenser müssten nach Jordanien oder Mekka „transferiert" werden. Ministerpräsident Ariel Sharon kündigt sämtliche Friedensgespräche „bis zur Beendigung des Terrors" auf. Arafats Palästinensische Autonomiebehörde verbietet den bewaffneten Arm der Volksfront zur Befreiung Palästinas (PFLP), die sich zur Ermordung von Seewi bekannt hat. Auch den „Jerusalem-Brigaden" der radikalen Gruppe „Islamischer Dschihad" werden alle Aktivitäten untersagt. Das Attentat auf Seewi löst eine israelische Militäroffensive im Westjordanland aus – mit den meisten Opfern seit dem Beginn des Palästinenser-Aufstands im September 2000. Panzer und Infanterie besetzen wieder Teile von sechs Palästinenser-Orten, um Jagd auf mutmaßliche Terroristen zu machen. Mehr als 40 Palästinenser werden bei der Offensive getötet. Die US-Regierung verlangt den Rückzug der Panzer. Auch der deutsche Außenminister Joschka Fischer, auf Nahostreise, fordert nach Gesprächen mit Ariel Sharon, Shimon Peres und Jassir Arafat, dass Israel die besetzten Gebiete wieder verlässt, womit sich die Israelis Zeit lassen.

Kein Weg für Flüchtlinge nach Australien

Ein marodes Schiff, von der indonesischen Insel Java mit Flüchtlingen in Richtung Australien unterwegs, sinkt mit 397 Menschen an Bord. 40 Überlebende werden nach Berichten offenbar gerettet. Bei den Flüchtlingen handelt es sich vorwiegend um Asylsuchende aus dem Irak, unter ihnen 70 Kinder. Australiens konservativer Premierminister John Howard erklärt, das Drama habe sich in indonesischen Gewässern abgespielt und daher „nichts mit uns zu tun". Im vergangenen Jahr kamen 4141 Asylsuchende auf Booten nach Australien, überwiegend Afghanen und Iraker. Australien lässt seine Kriegsschiffe darüber wachen, dass keines der Flüchtlingsschiffe australisches Hoheitsgebiet erreicht. In einem Fall feuerte die Marine Warnschüsse vor ein mit Frauen und Kindern besetztes Boot. Die Inseln vor dem australischen Festland, die von den Flüchtlingen angesteuert werden, sind durch das Parlament mit einem Immigrationsverbot belegt. Die australische Marine muss immer wieder Boote aus Seenot retten.

Flugzeugabsturz in Mailand mit 118 Toten

Bei einem Zusammenstoß in dichtem Nebel auf dem Mailänder Flughafen Linate werden 118 Menschen getötet. Ein deutscher Privatjet mit vier Insassen rollte auf die Landebahn, auf der sich eine skandinavische SAS-Linienmaschine mit 110 Menschen an Bord kurz vor dem Abheben befand. Das SAS-Flugzeug rast nach der Kollision in einen Hangar und explodiert. Dort sterben vier Arbeiter. Auf dem überalterten Flughafen gibt es schon länger Probleme mit Radar- und Leuchtfeueranlagen.

Russisches Flugzeug explodiert – 78 Tote

Eine russische Passagiermaschine auf dem Weg von Tel Aviv nach Nowosibirsk stürzt nach einer Explosion ins Schwarze Meer. 78 Menschen kommen ums Leben. Die Ukraine räumt später ein, das Flugzeug versehentlich bei einem Manöver mit einer Flugabwehrrakete abgeschossen zu haben.

Tunnel-Katastrophe

Der Zusammenstoß zweier Lastwagen – einer mit Reifen und Kunststoffplanen beladen – führt im Schweizer Gotthard-Tunnel zu einem Großbrand. Teile der Tunneldecke stürzen ein. Mindestens elf Menschen kommen ums Leben.

Paul McCartney begrüßt mit Billy Crystal (l.) und Jim Carrey beim New Yorker Gedenkkonzert für die Opfer des 11. September den Sohn eines Rettungsarbeiters

„Kursk" geborgen

Mehr als 14 Monate nach seinem Untergang wird das russische Atom-U-Boot „Kursk" in der Barentssee geborgen und in eine Bucht bei Murmansk geschleppt. Sie war im Sommer 2000 während eines Manövers nach Explosionen gesunken. Dabei kamen alle 118 Seeleute an Bord ums Leben. Gerichtsmediziner beginnen, in dem Wrack nach den Leichen zu suchen, die Marine hofft, die genaue Ursache des Untergangs herauszufinden.

Deutschland

Schröder solidarisch

Bundeskanzler Gerhard Schröder trifft in Washington US-Präsident Bush und bietet ihm deutsche Militärhilfe an. Anschließend besichtigt der Kanzler Ground Zero in New York.

Anti-Terror-Gesetze

SPD und Grüne einigen sich nach langwierigen Verhandlungen auf ein zweites Gesetzespaket gegen den Terrorismus. Es wird den Sicherheitsbehörden mehr Kompetenzen geben. Teile des neuen Gesetzes sollen nur fünf Jahre lang gültig sein.

Rasterfahndung startet

In Deutschland beginnt die Rasterfahndung nach mutmaßlichen Terroristen. Ziel sind vor allem „Schläfer", die sich unauffällig verhalten und auf ihren Terroreinsatz warten.

Historischer CDU-Absturz in Berlin

Bei den Wahlen zum Berliner Abgeordnetenhaus wird die SPD mit 29,7 Prozent stärkste Partei. Sie ging mit Klaus Wowereit ins Rennen und konnte 7,3 Prozent zulegen. Die CDU bleibt mit Kandidat Frank Steffel bei einem Ergebnis von 23, 7 Prozent hängen und verliert damit 17,1 Prozent – mehr als je zuvor bei einer Landtagswahl. Die Grünen landen bei 9,1 Prozent. Die FDP erreicht 9,9 Prozent. Die PDS verbessert sich um knapp fünf Prozent auf 22,6 Prozent. Im Westen der Stadt gaben 6,9 Prozent der Wähler der PDS ihre Stimme, im Osten Berlins 47,6 Prozent. Damit ist die PDS dort doppelt so stark wie die SPD. Die SPD denkt sowohl an ein „rot-rotes" Bündnis mit der PDS als auch eine „Ampelkoalition" aus SPD, Grünen und FDP.

In Hamburg regieren von Beust und Schill

Der CDU-Politiker Ole von Beust wird von der Hamburger Bürgerschaft knapp zum neuen Ersten Bürgermeister gewählt. Zweiter Mann in der Hamburger Regierung ist der Rechtspopulist Ronald Barnabas Schill als Zweiter Bürgermeister und Innensenator.

Wiedervereinigungstag

In gedrückter Stimmung wird in Deutschland am 3. Oktober der elfte Jahrestag der Wiedervereinigung begangen.

Kultur

Nobelpreise

Das Nobelkomitee in Oslo vergibt den diesjährigen Friedensnobelpreis je zur Hälfte an die Vereinten Nationen und an deren Generalsekretär Kofi Annan. Den Preis für Literatur verleiht die Königlich-Schwedische Akademie in Stockholm an den auf Trinidad geborenen britischen Schriftsteller V.S.Naipaul, erfolgreicher Romanautor, Essayist und Verfasser von Reiseberichten. Die Auszeichnung Naipauls, der sich in seinen Büchern mit den schwierigen und entfremdeten Lebensverhält-

Anthrax-verdächtiger Brief an US-Senator Patrick Leahy

nissen in nachkolonialen Ländern beschäftigt, löst eine Debatte in der islamischen Welt aus, die er in Reportagen sehr kritisch beleuchtet hat. Der Preis für Physik geht an den Deutschen Wolfgang Ketterle sowie die Amerikaner Eric Cornell und Carl Wieman. Den Wissenschaftlern gelang die Entdeckung des Bose-Einstein-Condensats, einer neuen Materieform; sie trugen dazu bei, „die Geheimnisse der Quantenphysik" zu erklären. Den Preis für Chemie erhalten die Amerikaner Barry Sharpless und William S. Knowles sowie Ryoji Noyori aus Japan für ihre Arbeiten über chemische Reaktionen, mit der sie „neue Forschungsbereiche" erschlossen haben. Auf dem Gebiet der Medizin werden ausgezeichnet die Briten Timothy Hunt und Paul Nurse sowie der Amerikaner Leland Hartwell für bahnbrechende Erkenntnisse über die Zellteilung, die „auf lange Sicht zu neuen Möglichkeiten in der Krebstherapie führen könnten". Den Nobelpreis für Wirtschaftswissenschaft teilen sich die Amerikaner George A. Akerlof, Michael Spence und Joseph E. Stiglitz für ihre grundlegende Erforschung und Analyse von Märkten mit asymmetrischen Informationen.

Der andere Nobelpreis

Im Kontrast zu den Nobelpreisen vergibt seit vielen Jahren ein Anti-Establishment-Komitee die Alternativen Nobelpreise. Diesmal verbinden die Preisträger Aktivitäten, die sich gegen „die Wurzeln von Gewalt und Instabilität in der heutigen Welt" richten. Aus Israel wird die Friedensorganisation „Gush Shalom" mit ihren Gründern Uri und Rachel Avnery ausgezeichnet. Aus Großbritannien die Anti-Atom-Gruppe „Trident Plughshares". Aus Brasilien der Befreiungstheologe Leonardo Boff. Aus Venezuela José Antonio Abreu, der ein landesweites Netz von Kinder- und Jugendorchestern aufgebaut hat.

Philosoph Habermas ausgezeichnet

Jürgen Habermas erhält in der Frankfurter Paulskirche den Friedenspreis des deutschen Buchhandels. Zu Habermas' Hauptwerken zählt seine „Theorie des kommunikativen Handelns", zuletzt veröffentlichte er „Die Zukunft der menschlichen Natur. Auf dem Weg zur liberalen Eugenik?" Der Philosoph hält eine überraschende Preisrede, in der er Andeutungen über die Notwendigkeit von Religiosität in der modernen Welt macht.

Holocaust-Mahnmal

Kaum von der Öffentlichkeit wahrgenommen, beginnen in Berlin-Mitte offiziell die Bauarbeiten für das umstrittene Holocaust-Mahnmal – mehr als zwei Jahre nach der Entscheidung des Bundestags für den Bau, der nach Entwürfen des New Yorker Architekten Peter Eisenman entsteht. In den vergangenen Jahren hatte in den Medien, unter Architekten, Historikern, Kulturkritikern und Politikern eine nicht enden wollende Debatte über die Erinnerungsstätte und deren gewaltige Dimensionen und architektonischen Rigorismus stattgefunden. Das Mahnmal wird zusammen mit einem Ort der Information voraussichtlich im Jahr 2004 fertig. In einem ergänzenden unterirdischen Gebäude sollen vier gleich große Räume entstehen, die unter anderem ein Register von namentlich bekannten 4,4 Millionen ermordeten Juden enthalten. Die Daten dafür hat die israelische Holocaust-Gedenkstätte Yad Vashem zur Verfügung gestellt. Außerdem können sich Besucher Filme über die NS-Vernichtungslager in ganz Europa anschauen. Die Kosten für das Mahnmal und den Ort der Information belaufen sich auf vorläufig 54 Millionen Mark.

US-Basketballstar Dirk Nowitzki aus Würzburg: Jetzt 15 Millionen Dollar pro Saison

Die Swissair kann mangels Geld nicht mehr fliegen

Konzert für New York

Mehr als 6000 Feuerwehrleute, Sanitäter, Polizisten und Arbeiter kommen mit Freikarten zum Gedächtniskonzert für den 11. September: „Concert for New York City". Zahlreiche Pop- und Rock-Größen treten auf, von David Bowie über Eric Clapton bis Elton John. Paul McCartney singt sein direkt nach den Anschlägen entstandenes Lied „We Are Talking About Freedom".

Wirtschaft

Swissair in Schwierigkeiten

Die Fluggesellschaft Swissair, einst ein Renommierunternehmen der Schweiz, ist wirtschaftlich so angeschlagen, dass sie vorübergehend den Treibstoff für die Flugzeuge nicht bezahlen kann. Der Flugbetrieb kann nur mit Hilfe eines Überbrückungskredits der Schweizer Regierung wieder aufgenommen werden. Der endgültige Bankrott wird durch eine konzertierte Aktion von Regierung, die Steuergelder bereitstellt, sowie Privatwirtschaft und Großbanken aufgehalten. Damit entsteht eine neue interkontinentale Fluggesellschaft auf der Basis der Regionallinie Crossair.

Riesen-Rüstungsauftrag

Lockheed Martin erhält den Zuschlag für den größten Rüstungsauftrag in der US-Geschichte – Wert insgesamt 200 Milliarden Dollar. Gebaut werden 3000 Maschinen vom Typ „Joint Strike Fighter", ein Angriffsflugzeug für Luftwaffe und Marine.

Die Letzten von Genua

Die letzten fünf in Untersuchungshaft festgehaltenen deutschen Globalisierungsgegner von Genua werden entlassen – zweieinhalb Monate nach den schweren Demonstranten-Krawallen und Übergriffen von Polizei-Spezialeinheiten beim G-8-Gipfel.

Sport

Schumacher gewinnt

Michael Schumacher holt sich – nach dem letzten Lauf zur Formel-1-Weltmeisterschaft, dem Großen Preis von Japan in Suzuka – souverän den WM-Titel. Bei 17 Rennen siegte er neunmal.

Nationalelf in Not

Rudi Völlers Kickertruppe verpasst die direkte Qualifikation für die WM-Endrunde. Nach einem 0:0 gegen Finnland bleibt nur noch eine Chance im November bei zwei Relegationsspielen gegen die Ukraine.

November

Einwohner von Kabul feiern einmarschierende Truppen der Nord-Allianz. Die Taliban geben die afghanische Hauptstadt am 13. November auf

Ausland

Mehr US-Truppen in Afghanistan

Der amerikanische Verteidigungsminister Donald Rumsfeld kündigt zu Monatsbeginn an, dass die USA ihre Bodentruppen in Afghanistan verstärken würden. Die Luftangriffe konzentrieren sich weiter auf Frontstellungen der Taliban, um der Nord-Allianz einen Vormarsch in Richtung der Hauptstadt Kabul zu ermöglichen. Dabei werden auch erstmals Langstrecken-Bomber vom Typ B-52 eingesetzt.

Nord-Allianz marschiert in Kabul ein

Die Truppen der Nord-Allianz nehmen am 13. November Afghanistans Hauptstadt Kabul ein – sie können die Stadt sehr viel schneller und gegen geringeren Widerstand als vermutet erobern. Die Taliban sind aus Kabul Richtung Süden geflohen. Die ursprüngliche Strategie der USA war gewesen, die Nord-Allianz nicht eigenmächtig so rasch vorrücken zu lassen – vorher sollte Afghanistans politische Zukunft und künftige Machtverteilung geklärt werden.

Shelter-Now-Mitarbeiter frei

Überraschend kommen am 15. November die acht Mitglieder der Hilfsorganisation Shelter Now aus ihrer afghanischen Haft frei, darunter vier aus Deutschland. Sie waren von den Taliban, die ihnen christliche Missionierung der Bevölkerung vorwarfen, vor drei Monaten festgenommen worden. Der Prozess gegen sie, auf den der Westen juristisch und diplomatisch Einfluss zu nehmen versuchte, hatte gerade begonnen, als die Kriegshandlungen ihren Anfang nahmen – das hatte ihr Schicksal noch ungewisser gemacht. Sie werden nach dem Rückzug der Taliban in einer Ortschaft südlich von Kabul befreit und mit einem US-Hubschrauber nach Pakistan gebracht.

Nord-Allianz rückt vor

Der Afghanistan-Krieg entwickelt sich weiter zügig zugunsten der Nord-Allianz. Neben Kabul sind auch die wichtigen Städte Herat, Jalalabad und Mazar-i-Sharif in ihrer Hand; mit Kunduz greifen sie am 22. November ein weiteres bedeutendes nordafghanisches Zentrum an. Dem Beginn der Offensive waren widersprüchliche Meldungen über eine Kapitulation der bis zu 30 000 eingekesselten Taliban-Kämpfer vorausgegangen. Die Verhandlungen über ihren friedlichen Abzug scheitern offenbar am Widerstand der arabischen Söldner, die aufseiten der Taliban kämpfen.

Versorgungsflüge nach Afghanistan

Das UN-Welternährungsprogramm beginnt von Tadschikistan aus mit seinen ersten Versorgungsflügen in den Nordosten von Afghanistan. Die Hilfe gilt rund 274 000 Menschen in Regionen, die nach dem Wintereinbruch unzugänglich werden.

US-Soldaten landen bei Kandahar

Während Kunduz kurz vor dem Fall steht, wird Kandahar, die letzte verbleibende Hochburg der Taliban, massiv von der amerikanische Luftwaffe angegriffen. Mehr als tausend US-Solda-

Kanzlerberater Michael Steiner muss zurücktreten

ten mit schwerem Gerät landen in der Nacht des 26. November mit Großraumhubschraubern auf einem Flugfeld bei der Stadt. Hauptziel der Einheiten ist die Verfolgung von Osama bin Laden.

Massaker bei Mazar-i-Sharif

Die Nord-Allianz beendet am 27. November mit starker Unterstützung der US-Luftwaffe und einzelnen amerikanischen Spezialagenten einen Aufstand gefangener Taliban, denen es bei Mazar-i- Sharif gelungen war, sich zu bewaffnen. Mehrere hundert von ihnen werden in den Mauern der alten Festung Qala-i-Jangi getötet, größtenteils durch amerikanische Raketen und Bombenabwürfe. Einige Opfer sterben wehrlos, sie sind offenbar vorher von der Nord-Allianz gefesselt worden. Journalisten und Menschenrechtsgruppen stellen die Frage, ob die USA oder ihre afghanischen Verbündeten sich in Qala-i-Jangi eines Kriegsverbrechens schuldig gemacht haben könnten.

Nord-Allianz billigt Friedenstruppe

Am 27. November beginnt auf dem Petersberg bei Bonn die UN-Afghanistan-Konferenz. Die Nord-Allianz stimmt dort am 29. November der Stationierung einer multinationalen Friedenstruppe zu. Zuvor haben sich die vier Delegationen, die rivalisierende Gruppen und Stämme vertreten, auf die Bildung einer Interimsregierung und eines Obersten Rates als Übergangsparlament für das Land geeinigt.

Bemühungen um Waffenruhe

Vor dem Hintergrund neuer Gewalttätigkeiten – darunter die Ermordung dreier Israelis durch Palästinenser – bemühen sich die amerikanischen Sonderbotschafter William Burns und Anthony Zinni um eine Waffenruhe im Konflikt zwischen Israel und Palästina. Fünf palästinensische Kinder verlieren ihr Leben durch eine israelische Panzergranate, die auf ihrem Schulweg explodiert. Bei einem israelischen Raketenangriff werden im Westjordanland ein Anführer und zwei weitere Mitglieder der radikal-islamischen Hamas-Organisation getötet.

Russische Kampfpanzer für Indien

Die russische Rüstungsindustrie hat die ersten von insgesamt rund 310 Kampfpanzern an Indien geliefert. Der Waffendeal, der im Februar dieses Jahres unterzeichnet wurde, beläuft sich auf eine geschätzte Summe von mindestens 700 Millionen Dollar.

Rechtsruck in Dänemark

In Dänemark gewinnt die rechtsliberale Partei Venstre mit 31,3 Prozent der Stimmen die Parlamentswahlen – Oppositionsführer Anders Fogh Rasmussen wird neuer dänischer Ministerpräsident. Die regierenden Sozialdemokraten verlieren fast 7 Prozent und kommen auf 29,1 Prozent. Rasmussen ist im neuen Folketing auf die Unterstützung der rechtspopulistischen Dänischen Volkspartei angewiesen, die 12 Prozent der Stimmen erreicht. Mit der neuen Regierung bekommt Dänemark erstmals einen Minister für Ausländerfragen, nachdem sich im Wahlkampf alle großen Parteien für Verschärfungen im Asyl- und Einwanderungsrecht stark gemacht haben; Rasmussen kündigt nach seinem Amtsantritt umgehend entsprechende Einschränkungen an. Im September hat schon in Norwegen eine sozialdemokratische Regierung die Macht verloren.

Schröder übersteht die von ihm gestellte Vertrauensfrage knapp. Neben ihm Fischer

Airbus-Absturz in New York

Wenige Minuten nach dem Start vom New Yorker Flughafen John F. Kennedy wird ein Airbus über dem Stadtteil Queens von einer Explosion zerrissen und stürzt in ein Wohnviertel. Alle 260 Insassen des Flugzeugs kommen ums Leben, in den Häusern und auf den Straßen werden fünf weitere Menschen getötet. Unglücksursache ist offenbar ein technischer Defekt im Leitwerk, verbunden mit einem Pilotenfehler.

Ein Chemieunfall auf dem Rhein geht glimpflich aus

24 Tote bei Flugzeugabsturz in der Schweiz

Beim Absturz eines Jumbolinos der Schweizer Fluggesellschaft Crossair, der beim Anflug auf Zürich im Schneeregen die Landebahn verfehlt, kommen 24 Menschen ums Leben, unter ihnen zehn Deutsche.

Deutschland

Kabinett für Bundeswehr nach Kabul

Das Bundeskabinett beschließt am 7. November den Einsatz von Bundeswehrsoldaten im Kampf gegen den internationalen Terrorismus. Bundeskanzler Gerhard Schröder gibt am Tag davor bekannt, die Bundesregierung werde auf Anfrage der USA 3900 Soldaten für Afghanistan bereitstellen.

Kanzler gewinnt knapp die Vertrauensfrage

Schröder stellt am 16. November die Vertrauensfrage, um vom Parlament ein Votum für seine Politik, insbesondere auch für den Einsatz deutscher Soldaten im Krieg gegen den internationalen Terrorismus zu bekommen. Von 666 Abgeordneten sind 662 anwesend. Von ihnen stimmen 336 mit Ja, 326 mit Nein. Das Ergebnis liegt damit zwei Stimmen über der erforderlichen Zahl von 334. Die CDU/CSU und die FDP – obwohl prinzipiell für den Afghanistan-Einsatz – sowie die PDS votieren geschlossen gegen Schröders Politik. Innerhalb der Koalition hat es zuvor vor allem bei den Grünen Stimmen gegen den Truppeneinsatz gegeben – und auch Kritik an Schröders Taktik, die Zustimmung zu seiner Politik mit dem Afghanistan-Einsatz zu verbinden. Bei der Abstimmung gibt es aus den Reihen der SPD eine Gegenstimme; bei den Grünen reduziert sich die Zahl der Abgeordneten, die nein zum Afghanistan-Einsatz sagen, von acht auf vier. Der Kanzler äußert nach der überstandenen Krise vor den Fernsehkameras: „Sie werden sich vorstellen können, dass ich mit dem Ergebnis sehr, sehr zufrieden bin."

SPD-Partei stärkt Schröder den Rücken

Der Bundesparteitag der SPD bestätigt Kanzler Gerhard Schröder am 19. November mit überwältigender Mehrheit als Parteivorsitzenden – er erhält 88,6 Prozent der Stimmen. 90 Prozent der Delegierten stimmen am Tag darauf für das Sicherheits- und außenpolitische Konzept des SPD-Vorstands, das die Bereitstellung deutscher Soldaten für den Kampf gegen den Terrorismus vorsieht. Der Partei-Vize Rudolf Scharping erhält auf dem Parteitag lediglich 58,8 Prozent. Bei der Einwanderungspolitik und der inneren Sicherheit folgt der Parteitag den Law-and-Order-Konzepten von Innenminister Otto Schily.

Soldaten eines US-Expeditionskorps pflanzen in Südafghanistan zwei Flaggen auf – unter dem Sternenbanner eine Gedenkfahne für New York City

Grüne akzeptieren Kriegseinsatz

Die Grünen billigen überraschend klar auf ihrem Bundesparteitag am 24. November in Rostock die in ihren Reihen höchst umstrittene Bereitstellung von Bundeswehrtruppen für den Krieg gegen den internationalen Terrorismus. Die Differenzen in den Reihen der Grünen waren zuvor so groß, und die Zahl der Kriegsgegner war so gravierend, dass ein zustimmendes Parteitagsvotum für die Politik von Außenminister Joschka Fischer wenig aussichtsreich schien – eher wurde eine Zerreißprobe für die Koalition erwartet. Etwa drei Viertel der Delegierten sprechen sich dann doch für Fischers Kurs aus, der in seiner Parteitagsrede sein politisches Schicksal und sein Amt in die Waagschale geworfen hat.

Terrorhelfer verhaftet

In Hamburg wird Mounir al-Motassadeq verhaftet, der marokkanische Freund von Mohammed Atta, der am 11. September eines der entführten Flugzeuge in das New Yorker World Trade Center gesteuert haben soll. Al-Motassedeq war offenbar als eine Art Finanzgehilfe des Terroristen tätig.

Nach Skandal ein neuer Kanzlerberater

Der deutsche UN-Botschafter Dieter Kastrup wird neuer außenpolitischen Berater von Bundeskanzler Gerhard Schröder. Der Karrierediplomat ist Nachfolger von Michael Steiner, der nach einem Skandal zurücktreten muss. Er hatte auf einer Dienstreise in Moskau in der Maschine der Bundeswehr-Flugbereitschaft lauthals Kaviar verlangt, weil ihm die Wartezeit zu lang wurde. Als Soldaten und Flugpersonal seiner Forderung nicht nachkommen konnten, beschimpfte er sie als „Arschlöcher".

Wirtschaft

Rezession oder nicht?

Neue Daten des Statistischen Bundesamtes legen die Einschätzung nahe, dass die deutsche Wirtschaft schrumpft. Gemessen am Vorjahr legte das reale Bruttoinlandsprodukt vom zweiten zum dritten Quartal 2001 nur noch um 0,3 Prozent zu. Nach Angaben des Statistischen Bundesamtes stützt gegenwärtig nur noch der Export die Stabilität der deutschen Wirtschaft. Die Bundesregierung kommentiert die Veröffentlichung der Daten mit der Einsicht, dass die Risiken für die Konjunktur größer geworden seien, nicht zuletzt wegen der Situation der Weltwirtschaft. Unter Ökonomen ist umstritten, ob sich die deutsche Wirtschaft tatsächlich in einer Rezession befindet.

580 Millionen Mark Strafe für BASF

Der deutsche Chemiekonzern BASF wird von der EU-Kommission wegen schwerer Verstöße gegen das Wettbewerbsrecht – geheime Absprachen über Preise und Marktanteile im Vitamingeschäft – zu einer Strafe von rund 580 Millionen Mark verurteilt. Insgesamt zieht die Kommission acht europäische Vitaminhersteller zur Verantwortung, die zusammen 1,6 Milliarden Mark Bußgeld zahlen müssen.

Umwelt

Klimaschutz-Abkommen unterschrieben

Die Welt-Klimakonferenz der Vereinten Nationen einigt sich in Marokko auf die Details, wie das Kyoto-Protokoll umgesetzt werden soll. In diesem Umweltschutz-Abkommen aus dem Jahr 1997 verpflichten sich 186 Nationen, den Ausstoß von Gasen, die den Treibhauseffekt verstärken, zu reduzieren. Die USA gehören als einzige große Industrienation nicht zu den Unterzeichnern. Präsident Bush hat vor Monaten schon das amerikanische Desinteresse an dem Abkommen signalisiert. Die USA produzieren rund ein Viertel des weltweiten CO_2-Ausstoßes und sind damit die führenden Umweltverschmutzer.

Tod von Touristen auf den Kanaren

Bei sintflutartigen Regenfällen auf der Kanareninsel La Palma kommen drei deutsche Urlauber ums Leben, die sich während des Unwetters auf einer Bergwanderung befinden.

Chemieunglück auf dem Rhein

Auf dem Rhein gerät bei Krefeld ein mit 1800 Tonnen Salpetersäure beladener niederländischer Tanker in Brand. Dank rascher Lösch-, Abpump- und Sicherungsmaßnahmen wird eine Vergiftung des Flusswassers verhindert.

Wissenschaft

Aids breitet sich alarmiernd aus

Die Immunschwäche ist weltweit im Vormarsch, gibt

Sterne und Planeten eines anderen Sonnensystems

das Aids-Programm der Vereinten Nationen kurz vor dem Welt-Aids-Tag bekannt. Mittlerweile sind 38 bis 40 Millionen Menschen mit dem HI-Virus infiziert. Der Bericht hält fest, dass die Infektionsrate in den ehemaligen Ostblockstaaten am höchsten ist: Dort wird, Russland inbegriffen, bis Ende 2001 voraussichtlich eine Million Menschen betroffen sein. Am weitesten verbreitet ist Aids aber immer noch in Afrika, wo drei Viertel der weltweiten Fälle zu verzeichnen sind. Ein Drittel der Kranken in der ganzen Welt ist zwischen 15 und 24 Jahre alt; Aids ist, so der Report, die vierthäufigste Todesursache überhaupt. UN-Generalsekretär Kofi Annan ruft zum verstärkten Kampf gegen die Krankheit auf. Er stellt fest, dass sich jede Stunde rund 600 Personen infizieren – und jede Stunde mehr als 60 Kinder an Aids sterben. Die Seuche, so Annan, erschüttere die Sicherheit ganzer Gesellschaften und gefährde deren Zukunft. Auch in Deutschland wird für die kommenden Jahre eine neue Welle von Infektionen befürchtet, sagt die Geschäftsführerin der Deutschen Aids-Hilfe, Hannelore Knittel. Zwar habe sich mit einer – dank wirkungsvollerer Therapien – geringeren Zahl von Toten und mit rund 2000 jährlichen Neuinfektionen die Situation seit Mitte der 90er Jahre stabilisiert. Doch sei vor allem bei jungen Leuten das Bewusstsein für die Gefahr wieder gesunken. Mehr als 40 Prozent der Menschen, die wegen einer HIV-Infektion erstmals zu einer Beratung kommen, seien jünger als 30 Jahre.

Embryo geklont

Eine Gruppe amerikanischer Wissenschaftler hat nach eigenen Angaben den ersten menschlichen Embryo im Frühstadium geklont. Der Klon umfasse sechs Zellen. Verwendet wurden bei dem Versuch eine menschliche Eizelle und eine Hautzelle. Es sei aber nicht geplant, ihn einer Frau einzusetzen und so einen geklonten Menschen zur Welt kommen zu lassen. Die Forscher, die in dem Unternehmen Advanced Cell Technology im US-Bundesstaat Massachusetts arbeiten, nennen als Ziel ihrer Experimente die Entwicklung neuer Behandlungsmethoden für Krankheiten wie Parkinson, Alzheimer, Diabetes, Krebs und Aids sowie zur Vorbeugung von Hirnschäden.

Ethikrat für Stammzellenimport

Der von der Bundesregierung eingesetzte Ethikrat befürwortet – mit strengen Auflagen – den Import von embryonalen Stammzellen zu Forschungszwecken. Der Beschluss gilt als Grundlage für die anstehende Entscheidung im Bundestag.

Enquete ist gegen therapeutisches Klonen

Die Enquete-Kommission des Bundestags zur medizinischen Ethik spricht sich klar gegen das therapeutische Klonen aus. Ihr Bericht soll den Abgeordneten als Basis für die Bundestagsentscheidung über den Stammzellen-Import dienen. Was den Import bereits existierender embryonaler Stammzellen betrifft, sprechen sich 26 Kommissionsmitglieder dagegen aus, 12 dafür. Im Bundesforschungsministerium besteht die Tendenz, die Gewinnung embryonaler Stammzellen aus so genannten überzähligen Embryonen zu ermöglichen. Voraussichtlich Ende Januar entscheidet der Bundestag die Stammzellen-Problematik.

Nach schwerem Unwetter wird auf den Kanarischen Inseln ein toter Tourist geborgen

Entdeckung außerhalb des Sonnensystems

Amerikanische Wissenschaftler haben mit Natrium erstmals ein chemisches Element in der Atmosphäre eines extrasolaren Planeten entdeckt. Der mit Hilfe des Weltraumteleskops Hubble untersuchte Planet umkreist einen Stern namens HD209458, der rund 150 Lichtjahre von der Erde entfernt ist. Mit dem Fund habe man, so die Forscher, „eine neue Phase der Entdeckung extrasolarer Planeten und deren Charakterisierung eingeleitet".

Stammzellenforscher West von Advanced Cell Technology

Sport

Der deutsche Fußball hat ausgezittert

Die glücklose deutsche Fußballnationalmannschaft nutzt ihre letzte Chance: Sie qualifiziert sich in zwei Spielen gegen die Ukraine – 1:1 im Hinspiel, 4:1-Sieg im Rückspiel – für die Fußball-Weltmeisterschaft 2002.

Kultur

Krawalle bei Wehrmachtsausstellung

Die umstrittene Wehrmachtsausstellung über Verbrechen deutscher Soldaten zwischen 1941 und 1944 wird in Berlin in neuer Form wieder der Öffentlichkeit zugänglich gemacht. Aus Protest gegen die Neueröffnung, an der auch Berliner Politik-Prominenz teilnimmt, marschiert die NPD mit rund 3500 Anhängern auf; zu einer Gegendemonstration finden sich etwa 1400 Menschen ein. Es kommt zu schweren Krawallen, bei denen 4000 Polizisten und BGS-Männer teilweise mit Wasserwerfern und Tränengas vorgehen. Der früheren Ausstellung, die in vielen deutschen Städten Scharen von Besuchern angezogen hatte und immer wieder von Protesten und Demonstrationen begleitet wurde, hatten vor zwei Jahren Experten sachliche Fehler und Mängel nachgewiesen. Unter dem Eindruck der Kritik und der öffentlichen Debatte hatte damals Jan Philipp Reemtsma, Vorsitzender des veranstaltenden Hamburger Instituts für Sozialforschung, die Ausstellung geschlossen. Die neue, revidierte und erweiterte Ausstellung ist etwa doppelt so groß wie die frühere und laut Reemtsma die derzeit „umfassendste und detaillierteste" zum Thema. Sie sei, so die Ausstellungsmacher, „analytischer und differenzierter" – sie stützt sich auf mehr schriftliche Dokumente, weniger Fotos. An der Kernthese, dass die „Wehrmacht als Organisation und in Teilen ihrer Gliederungen" an den Verbrechen der Nationalsozialisten – der Judenverfolgung und dem Vernichtungskrieg – aktiv beteiligt war, hält die Schau fest. Es werden aber auch Hilfsaktionen Wehrmachtsangehöriger für Verfolgte dokumentiert.

Dezember

Eine afghanische Frau und ihre Kinder in einem Flüchtlingslager bei Mazar-i-Sharif im Norden des Landes. Der Wintereinbruch hat die Notlage verschärft

Ausland

Explosion der Gewalt im Nahen Osten

Innerhalb weniger Stunden wird Israel Anfang des Monats in Haifa und Jerusalem von zwei verheerenden Terroranschlägen heimgesucht. Palästinensische Selbstmordattentäter bringen mindestens 25 Israelis um, etwa 220 werden verletzt. Zu den Anschlägen bekennt sich die Issedin al-Kassam, der bewaffnete Arm der Hamas-Bewegung. US-Präsident George W. Bush fordert Palästinenserpräsident Jassir Arafat in ungewöhnlich scharfer Form zum Handeln auf. Dieser verurteilt die Gewalt und verhängt den Ausnahmezustand über die Autonomiegebiete. Als Reaktion auf die Attentate zerstört die israelische Luftwaffe zur „Warnung" palästinensische Einrichtungen im Gaza-Streifen und im Westjordanland. Mindestens zwei Palästinenser werden dabei getötet, mehr als 100 verwundet. Das israelische Militär setzt die Vergeltung fort und beschießt das Gebiet um Arafats Hauptquartier mit Raketen. Kampfhubschrauber zerstören zwei von Arafats Hubschraubern sowie ein Munitionsdepot und ein Treibstofflager. Das Hauptquartier der palästinensischen Polizei und die Stadt Dschenin im Westjordanland werden angegriffen.

Bei einem neuen Anschlag sprengt sich ein palästinensischer Selbstmordattentäter an einer belebten Straßenkreuzung bei Haifa in die Luft. Mindestens 30 Menschen werden verletzt. Die Lage eskaliert, als palästinensische Extremisten auf einen Linienbus im Westjordanland schießen: Zehn Israelis sterben, 26 werden zum Teil schwer verletzt. Attentäter der islamistischen Hamas töten vor der Siedlung Emmanuel im Westjordanland zehn Menschen; zwei Hamas-Selbstmordattentäter sprengen sich im Gaza-Streifen in den Tod und verletzen dabei drei Israelis. Die israelische Regierung bricht alle Kontakte zu Arafat ab – und bezeichnet ihn als „nicht mehr relevant für Israel". Israelische Kampfhubschrauber beschießen die Unterkünfte von Arafats Eliteeinheit Force 17 im Gaza-Streifen und Gebäude der Autonomiebehörde. Bei Angriffen der israelischen Armee in Hebron werden zwei palästinensische Kinder, dies bedauert Israel offiziell, „versehentlich" getötet. Nach Mörserfeuer auf jüdische Siedlungen in Gaza, bei dem ein Mädchen leicht verletzt wird, fliegen israelische Kampfhubschrauber Vergeltungsangriffe im Norden des Gaza-Streifens. Bei einer Straßenkontrolle erschießt die israelische Armee zwei Palästinenser im Westjordanland, die mit ihrem Auto eine Absperrung durchbrechen wollten.

Im Westjordanland riegelt israelisches Militär drei Dörfer ab, in denen es Gesinnungsgenossen der Extremisten vermutet. Bei einer Verhaftungswelle werden 13 Palästinenser getötet. Israelische Hubschrauber feuern wieder Raketen auf palästinensische Einrichtungen ab, als Vergeltung für einen Granatwerferangriff auf einen ihrer Posten. Die Hamas verkündet, auf weitere Selbstmordattentate zu verzichten, andere

Israelischer Raketenangriff zerstört Arafat-Hubschrauber

radikale Gruppen schließen sich der Erklärung nicht an. Trotz eines Appells Arafats zum Gewaltverzicht geht das Töten weiter. Bei Zusammenstößen im Westjordanland erschießen israelische Soldaten zwei Palästinenser, im Süden des Gaza-Streifens wird bei Kämpfen ein palästinensisches Kind getötet.

Arafat darf nicht nach Bethlehem
Palästinenser-Präsident Jassir Arafats Hauptquartier in Ramallah ist von israelischen Panzern umstellt. Am Heiligen Abend hindern die Israelis Arafat, der mit einer früheren Christin verheiratet ist, daran, wie in den Vorjahren an der traditionellen Mitternachtsmesse in der Geburtskirche in Bethlehem teilzunehmen. Israelische Truppen stoßen wieder ins Westjordanland vor.

Neuanfang in Afghanistan
Nach jahrzehntelangem Krieg und Bürgerkrieg einigen sich am 5. Dezember bei der Afghanistan-Konferenz auf dem Petersberg bei Bonn die Vertreter der wichtigsten – und bislang zum Teil heftig untereinander rivalisierenden – afghanischen Stämme und Volksgruppen auf eine Interimsregierung mit Hamid Karsai von den Paschtunen, der größten Volksgruppe, an der Spitze. Am 20. Dezember erteilt der Sicherheitsrat der Vereinten Nationen ein Mandat für eine internationale Schutztruppe, die zunächst unter britischer Führung die afghanische Hauptstadt Kabul und die Umgebung sichern soll. Das Bundeskabinett beschließt am 21. Dezember den Einsatz von voraussichtlich 1200 Bundeswehrsoldaten im Rahmen der insgesamt 5000 Mann zählenden Afghanistan-Friedenstruppe. Am nächsten Tag stimmt der Bundestag in einer Sondersitzung zu.

Das Ende der Taliban
Am 5. Dezember geben die Taliban ihre Bastion Kandahar auf und beginnen damit, ihre Waffen abzuliefern. In Afghanistan werden laut „Washington Post" bis Ende Dezember insgesamt mehr als 300 Al-Qaeda-Kämpfer und etwa 5000 Taliban-Soldaten gefangen genommen.

Bomben auf Tora Bora
Die Kämpfe um die Bergfestung Tora Bora im Osten des Landes nehmen an Heftigkeit zu. Das unwegsame Berggebiet an der Grenze zu Pakistan, in das sich die letzten Taliban- und Al-Qaeda-Kämpfer zurückziehen, wird von US-Flugzeugen massiv bombardiert und von Nord-Allianz-Soldaten beschossen. Nach erbittertem Widerstand fällt am 16. Dezember Tora Bora. Amerikaner und Nord-Allianz erkunden Höhlen und Tunnelsysteme auf der Suche nach Osama bin Laden und seinen Kämpfern, darunter etwa 20 Al-Quaeda-Führer.

In Australien rücken riesige Buschfeuer bis 15 Kilometer an die Hafenstadt Sydney heran

Flüchtlinge in Afghanistan
Bei Einbruch des Winters sind in Afghanistan etwa 1,4 Millionen Menschen auf der Flucht, viele ohne Dach über dem Kopf und dem Hunger ausgeliefert. Die Zahl vergrößert sich täglich, nicht zuletzt durch Heimkehrer. Laut der Organisation World Food Program sind sechs Millionen der durch vorhergehende Kriege bereits ausgezehrten Afghanen von Unterernährung und Krankheit bedroht. Hilfslieferungen über Land müssen häufig noch durch die willkürlichen Kontrollen von „Warlords".

Kabuls Kinder in Not
Die Lage der Kinder in der afghanischen Hauptstadt hat sich dramatisch verschlechtert. Laut Angaben internationaler Hilfsorganisationen ist die Zahl der Straßenkinder von 25 000 vor fünf Jahren auf heute 70 000 gestiegen. Und immer mehr arme Familien schicken Kinder in die Waisenhäuser.

New Yorker Kathedrale St. John the Divine beschädigt

Kriegsgefahr für Indien und Pakistan
Der Konflikt zwischen den Atommächten Indien und Pakistan um Kaschmir, auf das beide Anspruch erheben, verschärft sich durch den Angriff eines Selbstmordkommandos auf das indische Parlament in Neu-Delhi. 13 Menschen, darunter die fünf Attentäter, kommen um, mindestens 25 werden verletzt. Indien nennt militante Gruppen aus Pakistan als Täter. Beide Staaten lassen an den Grenzen massiv Truppen aufmarschieren. US-Präsident Bush und der britische Premier Tony Blair rufen zur Mäßigung auf.

Aufruhr in Argentinien
Eine katastrophale Wirtschaftslage, uneingelöste Reformversprechen, Korruption, Armut und hohe Arbeitslosigkeit – fast jeder Fünfte hat keine Arbeit – treiben die Argentinier auf die Straße. Neben friedlichen Demonstrationen kommt es in Buenos Aires zu schweren Krawallen, Fahrzeuge brennen, Geschäfte und Restaurants werden zerstört, Supermärkte und Läden geplündert. Mindestens 25 Menschen kommen ums Leben. Präsident Fernando de la Rua tritt zurück.

New Yorker Kathedrale in Flammen
Ein Schock für die New Yorker ist der Großbrand in der berühmten Kathedrale St. John the Divine, die auch eine Begegnungsstätte verschiedener Religionen ist. Die Befürchtungen im ersten Moment, dass es sich um einen Anschlag handelt, weichen bald der Erkenntnis, dass ein technischer Defekt schuld war.

Deutschland

SPD gemeinsam mit PDS in Berlin
In der Bundeshauptstadt bildet sich unter dem regierenden Bürgermeister Klaus Wowereit (SPD) eine rot-rote Koalition.

Anti-Terror-Gesetze
Der Bundestag verabschiedet das zweite Gesetzespaket zum Schutz vor Terrorismus, von der „Süddeutschen Zeitung" als „Umbau des Staates zu einem Präventionsstaat" kommentiert. Verschärft werden u.a. Ausländer- und Asylrecht, Einschnitte gibt es im Datenschutz und Post- und Fernmeldegeheimnis. Die Befugnisse der Geheimdienste, des Bundeskriminalamts, des Bundesgrenzschutzes werden ausgeweitet.

Bildnachweis Jahrbuch 2001

Umschlag: Robert Clark, Cesar Rangel/AP, Reuters, AFP;

Seite 6/7: Inhalt: AP, Reuters, Jan Grarup/Rapho, Matthias Bothor, Advanced Cell Technology, Reuters, Jürgen Gebhardt/stern, AP;

8/9: British Antarctic Survey;

10/11: dpa;

12/13: Dan Ferrer;

14/15: Ron Frehm/AP;

16/17: Tim Flach (2);

18/19: Tiane Doan Na Champassak/Agence VU;

20/21: Ibn/dpa;

22/23: Dave Caulkin/AP;

24/25: Peter Granser;

26/27: Rob Griffith/AP, Mikhail Grachyev/Reuters;

28/29: Yoshikazu Tsuno/AFP;

30/31: Michael Trippel/ Ostkreuz;

32/33: Brian Harris/ Rex Features;

34/35: Götz Schwan/ Cheyenne Media;

36/37: James D. Watt;

38/39: dpa;

40/41: dpa;

42/43: Carmen Taylor/AP;

44/45: Naomi Stock/Time Pix;

46/47: AP (8), dpa, Ullstein Bilderdienst, Reuters;

48/49: Richard Drew/AP;

50/51: Larry Downing/Reuters;

52/53: Suzanne Plunkett/AP;

54/55: James Rexroad/Corbis SABA;

56/57: PPCM;

58/59: Carol Guzy/ The Washington Post/AP;

60/61: Carolina Salguero/ Sipa Press;

62/63: Shannon Stapleton/ Reuters;

64/65: PPCM;

66/67: James Nachtwey/VII;

68/69: dpa;

70/71: Klaus Reisinger/Agentur Focus;
72/73: Russel Boyce/Reuters;

74/75: Al-Jazeera/Reuters;

76/77: Jimin Lai/AFP;

78/79: John Stanmeyer/VII;

80/81: Misha Japaridze/AP;

82/83: Reuters;

84/85: Ron Haviv/VII;

86/87: Tyler Hicks /Getty/ Sipa Press;

88/89: Sergei Maximishin/ Izvestia/AP;

90/91: Scott Peterson/Getty/ Sipa Press;

92/93: dpa;

94/95: James Hill/laif;

96/97: Alexandra Boulat/VII;

98/99: Alexandra Boulat/VII;

100/101: AP;

102/103: Stephen Chernin/AP;

104/105: Reuters;

106/107: Corona Film Company;

108/109: Mike Simons/ Getty Images;

110/111: Jonathan Drake/Reuters;

112/113: AFP;

114/115: gamma;

116/117: Lars Moeller/ Nordfoto/AFP;

118/119: BauBau/Sipa Press;

120/121: Jan Grarup/Rapho;

122/123: Natalie Behring/ Reuters;

124/125: John McConnico/AP;

126/127: Rex Features;

128/129: Aranberri/AP;

130/131: dpa;

132/133: gamma;

134/135: Al-Jazeera/AP, Steve McCurry/Agentur Focus;

136/137: Monica Zarattini/ Aestado/AFP;

138/139: Jürgen Gebhardt/stern;

140/141: AFP;

142/143: Lutz Kleinhans, dpa;

144/145: Konrad R. Müller/ Agentur Focus;

146/147: Marc Darchinger;

148/149: Berliner Verlag;

150/151: dpa;

152/153: Paul Rose/ BILD Zeitung;

154/155: Jürgen Gebhardt/stern;

156/157: Jens Neumann, Axel Martens;

158/159: AP, dpa, BILD Zeitung;

160/161: Tiane Doan Na Champassak/Agence VU;

162/163: ANSA/dpa;

164/165: Max Vadukul, cinetext (stern-Montage);

166/167: Bruno Abile/AFP;

168/169: dpa;

170/171: dpa;

172/173: Annie Leibovitz/ Contact/Agentur Focus, Fred Prouser/Reuters ;

174/175: Cellina von Mannstein, Breuel-Bild, „Veronas Dreams“ Otto Versand/AP;

176/177: action press, Schneider-Press, Lise Aserud/ EPA/AFP;

178/179: Steen Sundland;

180/181: ddp;

182/183: Cornelius Meffert/ stern;

184/185: Paul Langrock/ZENIT;

186/187: Richard Jones/ sinopix;

188/189: George Steinmetz;

190/191: dpa;

192/193: Marcus Brandt/ddp, Fabian Matzerath/ddp ;

194/195: Marco Urban;

196/197: Edgar Rodtmann;

198/199: Sven Döring/+49/ VISUM;

200/201: Paul Langrock/ZENIT;

202/203: Warner Bros.;

204/205: Enno Kapitza;

206/207: Matthias Bothor;

208/209: Markus Schreiber/AP;

210/211: Volker Hinz/stern;

212/213: teutopress;

214/215: dpa;

216/217: Annie Leibovitz/ Contact/Agentur Focus;

218/219: dpa, Remy de la Mauviniere/AP;

220/221: tetsche (3);

222/223: Michel Comte (2);

224/225: Dream Works;

226/227: DFG;

228/229: James Frankham;

230/231: ESA/dpa;

232/233: AFP;

234/235: Hauke Trinks;

236/237: Wilfried Erdmann;

238/239: Itsua Inouye/AP;

240/241: Laszlo Balogh/Reuters;

242/243: Reuters;

244/245: Tasso Marcelo- Aestado/AFP;

246/247: HZ/AFP;

248/249: Alik Keplicz/AP;

250/251: Yuri Kochetkov/ EPA/AFP;

252/253: Ely Bruce/ Oregonian/gamma;

254/255: dpa;

256/257: Keystone/AP;

258/259: Sven Creutzmann/ Zeitenspiegel;

260/261: Spot Images/gamma;

262/263: Reuters;

264/265: Kerstin Joensson/AP, Agassi Enterprises Inc./Reuters;

266/267: Photoagentur Wende;

268/269: Stefan Indlekofer;

270/271: Laci Perenyi;

272/273: Jeff Haynes/AFP, Michel Comte;

274/275: Peter Vann;

276/277: Siggi Bucher/Reuters, Andreas H. Bitesnich;

278/279: Harald Schmitt/stern;

280/281: AP;

282/283: teutopress, Harald Schmitt/stern, Tele Press, Paul Schirnhofer/Agentur Focus, Axel Martens;

284/285: Fotex, Per-Anders Pettersson, dpa (3), Max Scheler, Heinz Gebhardt, AP;

286/287: Reuters, Karin Rocholl, Centfox, Don Hunstein/Globe Photos, ddp, Dieter Bauer, Reuters;

290/291: AFP, ddp, dpa (2);

292/293: AFP, AP (3);

294/295: Marc-Steffen Unger, AP, Sven Simon, Reuters;

296/297: AFP, Reuters, dpa, Thomas Boersch;

298/299: AFP, A3/Contrasto, Hans Rauchensteiner, Courtesy Neue Galerie New York;

300/301: Jeff Spicer/Alpha, dpa, Reuters (2);

302/303: AP (2), Martin Jehnichen/Transit, Reuters;

304/305: Reuters, AP, dpa (2);

306/307: Michael Amendolia/ Network/Agentur Focus, Reuters (2), dpa;

308/309: Reuters, AFP, Christian Jungeblodt, BLICK Zürich;

310/311: AP, AFP, Daniel J. Groshong/Tayo Photo Group, Rex Features;

312/313: AP (2), Reuters (2);

314/315: Reuters, Rainer Unkel, ddp, AP;

316/317: AFP, Reuters (2), dpa;

318/319: James Hill/laif, Reuters (2), dpa;

stern
Welche Versicherung Sie wirklich brauchen
Sparen Sie bis zu 50%
Richtig versichert
Extra-Heft: Der neue Krimi von Henning Mankell

stern
Große stern-Studie über 4- bis 18-Jährige
Wie gesund sind die Seelen unserer Kinder?
Psychostress | Schlaflosigkeit | Kopfschmerz

stern
Das einsame Leben und Sterben der
Hannelore Kohl
Was trieb sie wirklich in den Tod?
Mit exklusiven Bildern

stern
VOLKSSPORT GRILLEN
MÄNNER IM GLUT-RAUSCH
Was uns an die Feuerstelle treibt
Plus: die besten Geräte, Tipps und Rezepte

stern
Sexspielzeug
Das Geschäft mit der Lust

Leo Kirch, der
Spielverderber
Wie uns der Medien-Mogul den Spaß am Fußball im Fernsehen vermiest

stern
Eifersucht
Warum sie so wichtig ist wie Liebe und Sex

stern
Die Akte Eschede
Drei Jahre nach der Katastrophe
Exklusiv: Was wirklich geschah
Der Abschlussbericht der Staatsanwälte

stern
Deutschlands Kleinaktionäre
Verunsichert, verprellt – was tun?

stern
Exklusiv: die neue Biografie
Willy Brandt privat
Seine Frauen, seine Familie, seine Niederlagen
JOURNAL: MODE, KOSMETIK, ACCESSOIRES

stern
„Er hat im Moment eine Macke"

stern
Warum
Frauen
schlecht einparken und
Männer
nicht zuhören

stern
Nach dem Inferno

stern
Neue Serie: Die Wurzeln des Hasses
Mohammeds zornige Erben
1400 Jahre zwischen Stolz und Demütigung

stern
Ehefrauen erzählen
Ich habe einen Liebhaber
Der Krieg, den alle verlieren
Mohammeds zornige Erben

stern
Harry Potter
Exklusiv auf 20 Seiten: Fantastische Fotos und alles über den neuen Film
Der sanfte Aufstand der Frauen
Schickt Schröder unsere Soldaten in den Krieg?
Gesund durch den Winter

Deutsche Prominente fordern im stern:
STOPPT DIESEN KRIEG!
Afghanistan: Zum Tod der Reporter

stern
Ich habe meine Lektion gelernt
Exklusiv-Interview über Fehler, Familie und neue Pläne
Nach dem Sturm auf Kabul
Geschenk-Ideen für Weihnachten
Eine Partei nimmt ihren Abschied